Antonio Locorriere

IL BARESE,

CHE DIALETTO COLORATO!

Unico, completo e pittoresco glossario
semiserio "Barese – Italiano"
derivato dalla tradizione locale barese.

Titolo

IL BARESE,

CHE DIALETTO COLORATO!

Autore

Antonio "Tony" Locorriere

"U prefessòre" de:

Socialmente su:

Web
http://ildialettobarese.blogspot.it/

Facebook
https://www.facebook.com/ilbaresechedialettocolorato/

RINGRAZIAMENTI

Innanzitutto, il Signore e i miei genitori, per aver avuto i natali in questa splendida terra che è la Puglia, invidiataci da tutti!

Tutti gli iscritti ai nostri omonimi gruppi social, per aver collaborato al completamento di quest'opera, fortemente voluta e nata per la difesa e la divulgazione della nostra magnifica "lingua" barese.

Tutti coloro che ci hanno indotto a scrivere questa complicata opera, specie i baresi emigrati che volevano ancorarsi alle proprie radici, (*"come fa la cozza sullo scoglio"*) tramite uno scritto da tramandare ai propri cari!

Tutti quelli che abbiamo umanamente e involontariamente dimenticato, ma che ci hanno supportato e forse anche sopportato!

Un grande GRAZIE, a chiunque perché il ringraziamento è la più alta forma di maturazione personale!

SOMMARIO

PREFAZIONE

Il riconoscimento del valore istruttivo e d'identificazione geografica delle tante e bellissime lingue popolari che costellano l'Italia intera, non è più messo in discussione ormai da nessuno.

Abbiamo utilizzato il termine "lingue" perché molte di esse non sono varianti dell'italiano e per tale motivo non classificabili come "dialetti". Il napoletano, il siciliano, il sardo, ecc. detengono propri connotati peculiari tali da poter rientrare nella classificazione standard internazionale delle "lingue umane", dichiarate tali nelle norme ISO 639, che attribuiscono a dette lingue, un codice identificativo univoco. Per gli altri idiomi, anche se impropriamente, è usato il termine "dialetto" e il barese rientra ancora in questa fascia.

Da ora, capirete meglio l'accorata nostra missione verso tale riconoscimento, anche se tuttavia il nostro potente strumento espressivo scritto, necessiti di univoche convinzioni non ancora mature, a causa dell'intrinseca indole "colorata", eternamente flessibile, cangiante, mutevole, non facilmente determinabile.

Per questo motivo tra i cultori e gli scrittori delle lingue vernacolari, e spesso anche tra gli stessi autori, non cessano mai le diatribe e le discussioni formali per il far prevalere le proprie ideologie a scapito di altre.

Noi baresi, non possiamo più sopportare il vedere sbeffeggiare il nostro pregevole idioma che definiamo D.O.C.. Un esempio su tutti, è la disseminazione indiscriminata nelle nostre amate città, di réclame delle più svariate aziende che continuano a tradurre in maniera vergognosa e grossolana, senza riferirsi a una precisa fonte, calpestando sovente l'orgoglio cittadino.

La nostra opinione è che ciò rende ancora più importante un'opera di ordinamento e standardizzazione che sia intesa a far riconoscere come "esclusiva" l'identità linguistica locale, bene culturale del popolo barese, poiché solo così si potrà rendere il nostro vasto patrimonio intellettuale nativo, di più facile lettura, intuizione, riproduzione, divulgazione e conservazione per i posteri, anche oltre i patri confini.

Tony Locorriere

INTRODUZIONE

Nu sime de BBare! Così inizierebbe un barese orgoglioso dei propri natali, "noi siamo di **Bari**"! Siamo davvero fieri e fortunati nel vivere nel nostro ridente e folkloristico capoluogo di Provincia, nonché principale città della meravigliosa regione Puglia. Geograficamente siamo situati sul "tacco" dell'italico stivale, e rappresentiamo una delle etnie più particolari e solari del Sud – Italia.

Parlàme u barèse! Ci sollazziamo parlando la nostra bellissima "lingua ufficiale" locale, il **barese**, proferito già dai nostri avi, ancor prima che nascesse l'italiano! Definito impropriamente "dialetto" in quanto, nelle sue accezioni, non trattasi né di variante né di contrapposizione all'italiano. La lingua barese fonda le sue radici nel III secolo a.C., ben prima che Dante fosse concepito! Nacque su di una base latino-volgare e grazie alle commistioni linguistiche ricevute dalle popolazioni straniere che si sono avvicendate nella dominazione cittadina (arabi, spagnoli, francesi, genti balcaniche, ecc.), la lingua primordiale e originale venne a distillarsi nel tempo, approdando ai nostri giorni impreziosita della caratteristica inflessione per molti foneticamente incomprensibile, ma di certo ilare effetto per il nostro e altrui udito.

Sime scritte stu libre! Abbiamo intrapreso la fatica di questo libro con l'intento di raccogliere, interpretare, salvaguardare e di trasmettere con semplicità il barese parlato e scritto, in chiave "prisciosa" cioè spiritosa e allegra, non cattedratica e non priva di una giusta dose di villania e volgarità, la cui presenza rende le nostre reali essenze, peculiarità comuni nella nostra etnia.

U barèse iè "coloràte"! L'appellativo vorrebbe indicare le molteplici fonie e pronunce della nostra parlata, da quartiere a quartiere, da città a paesi limitrofi, da paese a paese. Un esempio calzante è l'impressionante sviluppo idiomatico tra il "popolino" (abitanti della città vecchia) che adotta terminologie, dizioni, fonie e ritmi, molto differenti dai quartieri vicini. Per tale motivo si comprenderanno, le difficoltà che abbiamo incontrato nel cercare d'elaborare un compromesso quanto più fedele possibile alla realtà contemporanea.

Probblìme sope a probblìme! Infatti, oltre alla difficoltosa fase di documentazione, abbiamo notato che molti autori dialettali baresi, per mancanza di un'univoca guida di riferimento, hanno attinto da diverse fonti, non riuscendo a rendere unica e condivisa la propria grafia, passo indispensabile verso il nostro unico interesse: il riconoscimento linguistico, d'obbligo dopo oltre duemila anni di storia parlata, sensibilizzando costantemente le istituzioni locali, come già avvenuto per altri esempi nazionali. Infatti, se l'hanno fatto loro perché non farlo anche noi?

Come a ma fa? Riteniamo che l'idioma barese sia un bene da rispettare, preservare e tramandare a tutti i costi. Esso non merita inutili maltrattamenti e polemiche per patetiche rivendicazioni di paternità sintattica. Consigliamo di partire dalle tesi e il laborioso e infaticabile processo di standardizzazione effettuato magistralmente da Alfredo e Felice Giovine per la nostra lingua, cui ci siamo principalmente ispirati anche noi.

Attenziòne! Ricordiamo che quest'opera e molto lontana dal poter esser definita "seria", anche a causa della presenza di locuzioni verbali ritenute inadatte **ai minori di anni 14**. Infine, ti auguriamo una divertente esperienza di lettura, e ti esortiamo a diffondere la nostra cultura popolare a sostegno della conoscenza delle nostre tradizioni, trasmettendole rigorosamente in lingua barese, vero e proprio patrimonio internazionale e non solo locale.

Come scrivere e leggere
il dialetto barese

Per scrivere e leggere correttamente il dialetto barese, si deve tener conto di alcune regole fondamentali, un vero e proprio standard a cui tutti dovremmo attenerci per unificare le regole grammaticali. Enunciamo ora qualche pilastro di gioviniana filosofia, considerato da molti come il più affidabile e concreto assertore dell'idonea sintassi vernacolare nostrana.

Il barese sfuma notevolmente la **vocale finale**, che diviene unica e indistinta. Questa vocale si scrive <u>sempre ed obbligatoriamente</u> perché sonorizza la consonante cui si accompagna. Per tutti valga l'esempio delle parole contenti "e", provate a leggerle senza considerarle per poi rileggere tenendone conto (es. marenàre, pernàcchie). Se si capisce che tutte le vocali "e" non toniche sono sfumate, e che si dovranno leggere le sole "è" (accentate), il barese sarà scritto, letto e compreso molto più facilmente da chiunque. Ad esempio, "Che cosa hai fatto?", si scriverà " Ce ssì ffàtte?", e non "C sì fatt?"; oppure "segno" si scriverà "sègne" perché la prima vocale sarà pronunciata.

L'uso delle vocali accentate *(toniche)* in ogni parola, andrebbe perseguito almeno fino a quando tale sistema grafico non diventi d'uso comune, ovviamente nei soli casi dove tale utilizzo è indispensabile perché, francamente, ritengo inutile usarlo in parole come "vase", "ricche", ecc. nelle quali è lampante che l'accento debba cadere sulla prima sillaba.

Altra caratteristica della parlata "grave" barese è il **raddoppiamento consonantico iniziale**, ad esempio, "andiamo a casa" si scrive "sciàm'a c̲c̲àse", sono di Bari "sò de B̲B̲are", vado a fare "vogghe a f̲f̲à", a riprova di questo, rileggete non raddoppiando le consonanti e ci darete ragione!

Non pochi estensori adoperano **ornare parole con segni** (tipo apostrofi) con i quali fanno precedere o seguire parole, ad esempio "una" si dice e si scrive "na" non certo "na", sottintendendo con l'apostrofo la perdita della "u", ignorando che na (così come l'art. 'il' si scrive "u" e basta), nasce prima della parola italiana "una", visto e considerato che da noi il dialetto lo parlavano già i centurioni!

Molti altri adoperano ingiustificatamente **lettere di alfabeti stranieri**, anche se personalmente ritengo giusto il solo utilizzo della "K" in parole con un grave "Ch" tipo "sckattàte", cioè "scoppiate"; aboliremmo completamente l'adozione della "J" che spesso si legge anche in pubblicità, usata per dire "Io"; provate a pronunciare le seguenti unioni vocali: "ia", "ie", "iì"e ditemi se il terzo esempio è molto differente foneticamente da quello che utilizziamo nel dialetto. Lo sappiamo che è lui, vero?

Infine, il connotato più indicativo del barese è **l'animo burlone e giocherellone** (**U prisce**), che si manifesta con simpatia, trastullando le parole. Difatti la raccolta di seguito non è un semplice tradurre delle parole in lingua patria, ma una rivisitazione in senso allargato e semi-serio non solo di vocaboli ma di veri e propri "modi di dire" che esprimono un concetto preciso e per questo, inseriti di prepotenza nella disamina.

DOVE È PARLATO IL DIALETTO BARESE.

Innanzitutto, non bisogna concepire i dialetti come delle varietà linguistiche unitarie e univocamente circoscritte a una zona geografica, ma come una commistione incessante, fluida, il cui contatto reciproco è determinato da diversi fattori etnici e culturali. Premesso ciò, il barese è parlato, di massima, in tutta la provincia di Bari e in quella di Barletta-Andria-Trani. A nord ha zone d'influenza nella provincia di Foggia, nella quale si parla il dialetto foggiano che può essere assimilato a un dialetto barese, molto influenzato dalla fonetica napoletana. A ovest si diffonde anche nella provincia di Matera il cui dialetto non presenta evidentissime differenze con quello barese, soprattutto nella cadenza melodica. A sud arriva fino la soglia messapica lungo una linea ideale che va da Taranto, dove si parla il tarantino, a Ostuni (BR), sotto la quale si parla il diversissimo salentino, avente differenti progenitori. Influenze di dialetto barese sono avvertibili anche nella zona settentrionale della provincia di Potenza, precisamente in alcuni comuni del Vulture (Venosa, Rionero e Melfi) e in quelli della zona ofantina (Lavello e Montemilone).

Molti importanti linguisti fanno notare che l'idioma, e non solo il nostro, cambia notevolmente anche a qualche chilometro di distanza, e proprio a causa delle diverse cadenze e sonorità, abbiamo incontrato grandi difficoltà nella fase di documentazione di quest'opera.

Un altro fenomeno contemporaneo è derivato dall'esportazione della nostra lingua in tutto il mondo, "grazie" all'emigrazione di migliaia di conterranei per cercare un destino migliore oltre i nostri confini. Personalmente riceviamo decine di contatti da nostalgici baresi residenti in grandi colonie "biancorosse" costituite negli U.S.A., Canada, Russia, Inghilterra, Francia, ecc. i quali volendo consolidare le proprie radici etniche, da tempo ci chiedevano di produrre un qualcosa da passare come testimone alle nuove generazioni.

Percepiamo sempre più che la gente ami parlare la lingua barese. Ringraziamo il mondo del cinema, il teatro, le compagnie vernacolari in tournée all'estero, i media e le nostalgie dei "cervelli in fuga".

La preservazione, la tutela, il riconoscimento e la diffusione del barese devono essere obiettivi comuni a tutti, ma se perpetrati in chiave ironica e divertente, certamente saranno celebrati con più enfasi! Non credi? Viva Bari e i baresi.

LEGENDA

V.	- Verbo
Etim.	- Etimologicamente
Sin.	- Sinonimo
Lett.	- Letteralmente
Plur.	- Plurale
Volg.	- Vocabolo volgare
Sim.	- Vocabolo simile
Der.	- Derivato
Es.	- Esempio
Raff.	- Rafforzativo
Con.	- Coniugato
Sup.	- Superlativo
Var.	- Varianti
Contr.	- Contrario
Prov.	- Proverbio
Arc.	- Arcaico

GLOSSARIO SEMISERIO
BARESE – ITALIANO
DALLA "A" ALLA "Z"

- A -

Abbabuà

V. Ipnotizzare, incantare; es. *U abbabuatòre de serpìnde!* Es. L'incantatore di serpenti.

Abbacchiàte

Soggetto con sguardo perso, sfinito, stanco, giù di morale, tipicamente meridionale!

Abbadà

V. Badare, es. *Abbàd'a chèdde!* – Bada a quella!

Abballà

V. Ballare, es. *Abbàlle sope a cùsse* (esponendo il dito medio)! – Vai a farti fottere!

Abbàssce

V. *Abbascià*, giù o sceso; termine di derivazione spagnola (abajo, abaixo), es. *Abbàssce la crèste!* - Non fare il galletto con mè!

Abbefacchiàte

Qualche organo nobile non funziona a dovere, specie detto del rene o fegato. E' messo male, è tutto gonfio!

Abbeggnàte

Satollo, saturo, sazio dopo lauto pasto. V. *Abbeggnà*. Es. *Me sò abbeggnàte!* – Ho mangiato come una vera scrofa!

Abbeggiàte / Appeggiàte

Appoggiato, ma anche coricato per pochi minuti, per ricaricarsi o per "*Papàgne*" improvvisa.

Abbellì

V. Abbellire; es. *Iè cchiù ffàgile da fa arrète, che d'abbellì!* Es. E' più facile rifarlo che abbellirlo!

Abbesckuà

V. Buscare, inteso sia di denaro che di botte.

Abbesegnà

V. Abbisognare, es. *Stogghe bbune, non m'abbesogne nudde!* Es. Sto bene, non ho bisogno di nulla!

Abbettàte

Gonfio o scocciato; es. *Ohhhhh! Me sì abbettàte!* Mi hai dilatato…! V. *Abbettà*, Sin. *Abbefacchià*.

Abbiangà

V. Imbiancare, innevare.

Abbonàte

Lett. Abbonato, detto anche di tipo alla buona, facilone. Es. *Cudde iè all'abbonàte!* – Non fidarti troppo di lui!

Abbòrte

Lett. Aborto, o dicesi di persona con notevoli limitazioni

estetiche.

Abbìle

Prendersela a male, incolparsi, sentirsi male per qualcosa o un avvenimento dannoso.

Abbiòcche

Sonnolenza irrefrenabile, spesso post-prandiale; sin. *Papàgne.*

Abbrazzà

V. Abbracciare.

Abbrescià

V. Bruciare, es. *T'abbrùsce u cule!* – Rosica amico mio!

Abbronzà

V. Abbronzare, abbrunire, scurire. Pratica molto gradita al barese che vede come malaticcio chi ha colorito cutaneo scandinavo.

Abbeffà

V. Abbuffare, eccedere nel mangiare senza freni inibitori.

A bbùne a bbùne

All'improvviso, senza una ragione plausibile.

Abetuà/Abeduà

V. Abituare, abituarsi, ambientarsi.

Abusìve

Abusivo, illecito, illegale. Es. *Ué, carnevàle abusìve!* - Ehi, tipo alquanto strano!

Accapezzà / Recapezzà

Schiarirsi le idee. Es. *Non m'a rièsceche de accapezzàmme!* Non riesco a trovar la dritta!

Accareggnà

V. Sottomettere, comportarsi come una carogna.

Accarezzà

V. Accarezzare.

Accàtte / Accattà

Comprare, acquistare. Der. *Accattatìue!* – compratelo! Es. *Fatt'accattà da ci non de canòsce!* - Ci crede solo chi non ti conosce. Es. *Accattà a cheppòne!* – Comprare a debito!

Accavaddà /Avvavallà

Lett. Accavallare, montare, aver un buon cavallo; detto di gambe, di cavalli o di rapporto sessuale. Es. *Stà accavaddàte?* - Hai santi in paradiso?

Accettà

V. Accettare; es. *Sò accettàte la propòste!* – Ho accettato la proposta!

A cchèdda vanne!

Di là, da quella parte o nell'altra stanza.

Acchefanàte

Imbacuccato o ben coperto anche riferito a uno sponsor per concorsi pubblici.

A ccì appartìine?

Da quale nobile casato provieni (detto con sguardo di sfida)!

Acce

Sedano; es. *Acce e prevelòne* - Sedano e provolone; *Damme u acce!* – Dammi il sedano. Der. *Accetìidde* – sedanino.

Accedùte / Accìse

Ucciso, spento per morte violenta, specie per regolamento di conti.

Accepenà

V. Danneggiare fisicamente, cagionare offesa, soffrire di patologie ortopediche croniche. Der. *Accepenàte* – Claudicante, malconcio, malandato o accigliato con acciacchi vari! Es. *Stà tutte accepenàte!* – E' tutto acciaccato! **Accepenàte a ccaste** - Costretto a casa tua.

Acchecchiàte

Uniti, accoppiati come siamesi. V. *Acchecchià* - Unire, accumulare o racimolare. Der. *Accòcchie* – Unisci, accoppia, ritrovarsi. Es. *Chidd'e ddù sò ccazze acchecchiàte?* - Detto di due persone sempre in accordo, alleati tra di loro.

Acchemegghià e schemegghià

Coprire e scoprire, tipico gioco erotico pre calata!

Acchemenzà

V. Cominciare, avviare, iniziare.

Acchenzà

Pensare a sistemare.

Acchercià

V. Accorciare, detto di lavoro sartoriale o abbreviare un percorso; es. *Sime accherciàte bonarìdde!* – Abbiamo accorciato tanto!

Accherteddà

Nobile arte dell'accoltellamento a tradimento inteso a conseguire un qualcosa che altrimenti sarebbe stato impossibile ricevere "con le buone".

Acchesì

Così.

Acchià

V. Trovare, cercare, recuperare; es. *U so acchiàte da nànde / nànze!* – L'ho ritrovato innanzi a me!

Acchiàle

Occhiali.

Acchiamendà

V. Guardare, vedere o esaminare.

Acchiatàte

Tranquillizzato, calmato; es. *Nge sò gredàte "Statte cchiète!", e s'acchietàte!* – Gli ho urlato "stai calmo!" e si è tranquillizzato!

Acciaccà

Pestare pesantemente oppure danno ad auto.

Acciaffà

V. Catturare, prendere; es. *La madàme u ha acciaffàte!* – E' stato beccato dalla polizia!

Accìte

V. Uccidere, oppure rovinare professionalmente.

Accollà

V. Accollare, gravare, addossare.

Ache

Ago, aghi.

Achiùte

V. Chiudere, serrare, otturare. Es. *Achiùgghe!* - Chiudo! Basta la faccio finita! Detto sia come riferimento alla vita corrente che a un'attività. *Achiùte u prìse!* – Ti prego di far silenzio (detto con tono di supremazia)!

Acìdde

Uccello piumato o "pisello", termine di derivazione latina (augellum), es.volg. *U uè u acìidde!* – posso amoreggiare con tè! Pl. *Acèddre.*

Acìte

Aceto di vino ma anche detto di persona con carattere acre. Es. *Dà d'acìte!* – Lett. Dai d'aceto! Sragionare, fuori di senno, infastidire.

Acquànne! / Quànne

Quando! Es. *Quànne a iósce e ccrà!* - Molto grande, esagerato, es.*Te ià fa la facce quànne a iósce e ccrà!* - Ti gonfio la faccia come oggi e domani! *Quànne véne a cadé?* - Quanto costa?

Acquaquagghiàte

Accovacciato, in ginocchio, abbassato.

Es. *De Iìdde se vedève sole la cape, ièdde stève Acquaquagghiàte!* S'intravedeva la sola testa di lui, mentre lei era inginocchiata!

Acque / Iàcque

Acqua; sim. in acqua (*All' acque*). Es. *All'àcque de rose!* Lett. All'acqua di rose, facile da eseguire, o fatto in maniera superficiale. Volg. *Sì nu cazze chìine d'àcque!* - Sei una persona inconsistente!

Adacquà

V. Annaffiare, ma anche sorreggere economicamente o allevare.

Addemannà

V. Chiedere, domandare, interpellare. Es. Addemànne a cudde! – Chiedi a quello!

Addò / Addòve

Dove, nel quale; es. *Addò am'a scì che chèssa squàdre?* Dove andiamo, non riusciremo a perorare i nostri obiettivi?

Addòre

Odore, profumo, aroma, fragranza. Es. *Moh, c'addóre!* - Che profumino in cucina!

Aderà

V. Durare, reggere, resistere. Verbo particolarmente gradito al gentil sesso.

Adùne

Racimola, raccogli, riordina, assembramento di persone con lo stesso scopo; v. *Adenà* - Raccogliere da terra. Es. *Adùne la monète!* – Raccogli il denaro!

A ffà la ióse

Far casino.

Affecuà

V. Affogare o riempire.

Affedàte

Fidanzato, promesso o affidato. V. *Affedà* – Affidare.

Affertenàte

Fortunato, propizio, vantaggioso, favorevole.

Affetèsce

Incazzarsi, impuzzolire con gas di derivazione colica o con odori vari.

Affettà

V. Vedere, affittare, scorgere, guardare.

Affùnne

In profondità.

Affrùnte

Affronto, offesa, torto che va saldato.

Agarùle

Porta aghi da sartoria.

Aggemendà

V. Molestare, stuzzicare, infastidire.

Aggerà

V. Girare, svoltare, ruotare. Es. *Me stònne aggerà le palle!*
– Sto perdendo la pazienza!

Àgghie

Aglio, oppure "ho" ma ormai in disuso, a cui gli viene
preferito "*Tènghe*".

Aggìgghìie

Pulsione, desiderio di sfogarsi o fermento irrefrenabile di
gaiezza, arrapato/a da morire!

Aggrazziàte

Lett. Aggraziato, grazioso e garbato.

Aggnì

V. Riempire, saziare; es. *Aggnì le garze* - Abboffarsi o
arricchirsi oltremodo. Der. *Aggnùte* – riempito.

Aggnìidde / Aggnìille

Agnello.

Aggnùte

Riempito, colmato, saturato, riempito.

Aità

V. Aiutare, soccorrere.

Aìire

Ieri, termine spagnolo (aver).

A iòse (ffa la iòse)

A iosa, in quantità ragguardevole; es. A ffà la iòse! – Schiamazzare!

Alla bbuéne

Tipo dall'animo troppo buono, da sembrare stupido.

Allambà

Abbagliare, anche in senso figurato; es. *Te sò allambàte, ehhh!* – Ti ho stupito!

A l'ammèrse - Al contrario. Es. *Ce iè bbèlle la pulizzìe, decì cudde ca s'aggìre le metànde a l'ammèrse!* Com'è bella l'igiene, disse chi si girava le mutande al contrario quando erano sporche!

A la nute

Nudo/a di qualsiasi cosa, povero; Es. *L'ha sò acchiàte a la nute iìnde o lìitte!* L'ho trovata nuda nel letto!

A la ppète

A piedi, termine derivato dal portoghese (a pè).

A la scùse

Di nascosto o all'insaputa.

A la sgrossce

Gratuitamente, spesso in maniera furbesca; es. Cudde pìgghie l'autobbùsse a la sgrossce!

A la veldàte

Dietro l'angolo; Sim. *Drète o spunte! Na veldàte e na geràte!* - Cosa fatta di fretta come carne cotta al sangue.

Alàzze

Sbadiglio.

Alderà

V. Alterare, agitare.

Ald'Itaglie

Settentrione d'Italia.

Aldùne

Altro; der. *N'aldùne* – un altro.

All'àneme de..

Alla malora di…

Allassà

V. Lasciare, abbandonare. Termine prettamente latino (laxare), der. *Allàsseme a mmè!* – lasciami, dimentica il mio nome! Es. *Non u allàsse de péte!* - Non lo molla, gli sta alle calcagna!

Allendà

V. Allentare, ma usato più spesso per indicare chi ha lo sfintere anale non troppo continente, che emette in atmosfera gas nocivi tipo nervini.

Allègre

Allegro, Raff. *Allègre allègre* - Con ottimismo, fai con solerzia ! Es. *Auuèèèè, mène allègre allègre!* – Scusa, fai in fretta che sto attendendo!

Allèrte

V. Allertare, avvertire, avvisare, mettere in allarme. Es. *Allèrte allèrte!* – Tenete gli occhi aperti!

Allesscià

V. Allisciare, accarezzare, o leccare metaforicamente per giovarne in seguito.

Allìive

Calamaretti tagliati a "tagliatelle"(così come sono chiamati) e mangiati obbligatoriamente crudi.

All'ùldeme

Alla fine, all'ultimo.

Allùzze

Fare il palo, far attenzione a qualcosa; es. *Ohhh! Me raccomànne, allùzze !* Sin. *Ammìne u écchiìe!*– Dagli un'occhiata, facci attenzione! V. *Alluzzà.*

Alzà

V. Alzare, rizzare, sollevare.

Amà

V. Amare, adorare, voler bene. Der. *Amerùse* – Saporito.

Amàre

Amaro, difficile o pericoloso; es. *Iè amàare adavère!* – E' veramente ostico l'incarico che abbiamo ricevuto! Der. *Amaresciùte* – divenuto più amaro. Prov. *Ce la vite iè amàre, ammìne ù zùcchere!* - Se la vita è amara, mettici dello zucchero!

Amandenùte

Sorretto o mantenuto anche finanziariamente, parassita.

Ambarà

V. Apprendere, spiegare, imparare o insegnare.

Ambaurìte

Intimidito o impaurito.

Ambrusà

V. Raggirare o ingannare; es. *M'ambrusàte bune bune!* – mi ha abbindolato come un pivello!

Ambrevvìse

All'improvviso. Arc. *All'andrasàtte*.

Ambulafuèrce

Arc. Arrotino.

Amerùse

Saporito.

Amìnue

Mandorle locali; sin. *Nòzzere*.

Ammandìneme che t'ammandénghe

Reggiamoci a vicenda, siamo in bilico e cooperiamo o sosteniamoci vicendevolmente.

Ammangà

V. Mancare, esser senza, passare a miglior vita.

Ammenàte

Buttato, calato, lanciato, metter dentro. Es. *Ce ammène pe pprime, ammène pe ddue!* – Chi colpisce per primo, colpisce per due! V. *Ammenà*, der. *Ammène* – Mena parecchio, possente.

Ammenemènde / Ammonimènde

Imposizione, intimazione di stampo mafioso.

Ammengepà

Emanciparsi, ammodernarsi, affrettarsi o auspicare un veloce cambiamento.

Ammìnete

Buttati, datti alla; es. *Ammìnete ca l'àcque iè vvàssce!* Buttati, non temere rifiuti o fai in fretta prima che sia troppo tardi.

Ammìne u écchiìe!

Guarda attentamente, non ti far fregare.

Ammingepà

Arc. Anticipare o far presto, emancipare. Es. *Ammingepìisce!* – sbrigati!

Ammuèdde

Far intenerire detto specialmente di legumi; es. *Se mèttene ammuèdde.*

A mmùzze

A caso, a gruppi casuali o a manciate.

Anacedùte

Inacidito o andato a male.

Andenzziòne

Intenzione.

Andesequàte

Intossicato, avvelenato.

Andevìne

Indovino; V. *Andevenà.*

Andònie

In onore a tutti gli "Antonio". Dim. Tonìne.

Andròne

Grande camera.

Àneme

Anima, vita, soffio vitale.

Angappà

V. Impigliare, incappare o incorrere.

Angarrà

Riuscire, azzeccare, centrare, imboccare, specie di attività lavorativa.

Angòre

Ancora, di nuovo.

Anìdde

Anello, fede.

Anne

Anno, classe.

Annìcchie

Nicchia per la statuina di San Nicola.

Anniddiàte

Invidiato particolarmente.

Annùsce

Portami qui gentilmente; es. *Capppòòòò, Annùsce ddo u mmìire!* Può cortesemente portare un'altra caraffa di vino locale? Der. *Annùtte* – portato.

Anzeppà / Nzeppà

Lett. Inzuppare o sparlare di qualcuno. Der. *Anzeppàte* – fradicio. Es. *Nzeppà u ppane* - Inzupparci, approfittare di un occasione propizia.

Appapagnà

Assopirsi lentamente nel post-prandiale, colpito da attacco di *papàgne*.

Apparolàrse

V. Accordare, esser in parola con qualcuno.

Appedènne

Per questo motivo, perciò!

Appendà

V. Appuntare, segnare, annotare, segnare.

Appennarròbbe

Attaccapanni.

Appènne

Appendere, sospendere; der. *Appennùte* – appeso, impiccato o crucciato.

Appezzecà

Appiccicare, incollare o prendere di forza qualcuno e costringerlo al muro durante una lite.

Appìccia fuéche

Bullo, spalleggiato o chi se le va a cercare. Sin. *Fa fuèche* – Attaccabrighe, chi stuzzica o rissoso.

Appezzà

V. Acuminare, appuntire o fissare negli occhi uno sfidante.

Appurà

V. Appurare, accertare o scoprire.

Aprìle

Aprile; ma, già che ci siamo, vediamo gli altri mesi dell'anno: *Scennàre / Gennaie, Febbraie, Marze, Maggie, Sciugne / Giugne, Lùgghie / Lùglie, Aguste, Settèmbre, Ottobre, Nevèmbre e Decèmbre.*

Aprì

V. Aprire, spalancare, schiudere. Es. *Iàbbre l'ècchie, ca ad achiùdele non nge vole nudde!* Tieni gli occhi aperti, perché a chiuderli, non ci vuol niente; ovvero, sta in guardia perché ti può succedere una disgrazia.

Arà

V. Arare; tramite *U aràte* – l'aratro.

Aràgne aràgne

Attenzione stai girando attorno al pericolo! (dall'inglese around).

Aramasckà

Raccogliere i residui.

Arassemegghià / assemegghià

V. Somigliare.

Arceprèvete

Prete di paese, prelato.

Arìghene

Origano.

Arlògge

Orologio, usato anche per il plurale, termine derivato dal catalano o spagnolo (reloj, rellotge).

Arnàle /arnàre

Urinale/orinatoio o pisciatoio arcaico che passava per la città vecchia a vuotare i contenitori pieni di scorie dell'apparato urinario. Sin. *Prise* - w.c., orinatoio arcaico; Es. *Sté com'o prise!* - Rimani immobile in attesa degli eventi, senza reagire!

Arraddàte

Rinsecchito, inaridito; detto di persone anziane. Sin. *Arrappàte* – aggrinzito, rugoso, rattrappito.

Arraganàte

Condimento tipico fatto da mollica, olio, prezzemolo, uova, formaggio e aglio impastati e costituenti il ripieno per cozze e carciofi.

Arrangià

V. Arrangiare, cioè l'arte innata nel barese di saper rimediare alle mancanze, anche di soldi.

Arrapàte

Con picco testoteronico acuto; sin. A ffirre! – Già duro, arrapato cronico o pronto all'introduzione!

Arrappàte

Raggrinzito, incartapecorito, grinzoso, rugoso; detto di pelle anziana rinsecchita e con pliche. Sin. *Regnùse*.

Arrazzà

V. Socializzare, creare buone relazioni interpersonali perseguendo i propri fini.

Arrebbà

V. Rubare, depredare. Der. *Arrebbàte* – Rubato.

Arreggettà

V. Mettere in ordine, far pulizia.

Arrenzà

V. Sfiorare, raschiare o rubare, sottrarre col raggiro.

Arremanè

V. Rimanere, restare.

Arrepàte

Messe in luogo sicuro, conservato, custodito. V. *Arripà.*

Arrestute

Arrostito.

Arrestà

V. Arrestare, fermare, imprigionare.

Arréte!

Di nuovo, nuovamente.

Arrevà

V. Arrivare, riuscire, giungere, soddisfare.

Arrevegghià

V. Mescolare, avvolgere o detto di corpi intrecciati, intenti a far sesso!

Arrezzà

V. Arricciare, specie i polpi dopo la cattura, tra i verbi più popolari a Bari.

Arrezzecà

Fremito o brivido di passione sessuale irrefrenabile.

Àrrue

Albero.

Artìste

Artista.

Arruenàte

Rovinato, detto anche dalle vicissitudini della vita. V. *Arreunà*.

Ascènne

V. Scendere, calare. Es. *Ascìnne da l'elicòttere!* - Torna con i piedi per terra, non fantasticare!

A scequà

Per gioco.

Aschennùte

Celato, nascosto. V. *Ascònne* – anche gioco dell'infanzia, detto il "nascondino".

Ascre / Asche

Terrazzino, solaio o parte soprastante in genere.

Asfaldà

V. Asfaltare o vomitare il frutto di una notte d'eccessi.

A sfazzióne

Disponibile fino a piena soddisfazione; es. *Uè vedè come se fasce, a sfazziòne?* Scommettiamo che ti faccio vedere come si fa?

Askuànde

Ricotta da spalmare dall'odore inconfondibile di calza ammuffita! Si ritrova in molte ricette nostrane.

Aspettà

V. Aspettare, attendere, pazientare.

Assà

Molto, in quantità. Es. *Mò, iè assà u danne a ttè!* – Ma è molto il tuo danno! Notevolmente rincoglionito, grosso danneggiamento o irrecuperabile. Sei messo proprio male, fatti vedere da un bravo psicoterapeuta. Giacché ci siamo, vediamo altri aggettivi indefiniti che, come già saprete, indicano la quantità o la qualità del nome a cui si riferiscono in modo vago ed impreciso, sono: Poco – *Picche*, Certo – *Ccèrte*, Ogni – *Ogne*, Qualche – *Quàcche*, Vari – *Devìrse* e Tutto – *Tutte*.

Assaggià

V. Assaggiare, assaporare. Sin. *Assaperà*.

Asscennùte (se nà)

Detto di ragazza con contraccezione poco efficace, incinta al di fuori di un rapporto formale! V. **Asscenne** – Scendere. Es. *Chèdde se n'asscennì a sìdece anne!* – Colei venne inseminata all'età di 16 anni!

Asseccate / Assequàte

Secco o dimagrito/a, asciutto.

Asseduàte

Persona come si deve, a modo o buon partito come consorte.

Asselùte

Soltanto, solo.

Assemà

V. Annusare, fiutare e intuire.

Assequà

V. Asciugare, prosciugare.

Assì

V. Uscire, diventare. Es. *Sì assùte matte!* - Sei impazzito!
Assì mmènze! – Farsi avanti!

Assìttete!

Siediti, accomodati. V. *Assìdese.*

Astìbbeche

Conservo. V. *Stepà/Astepà.*

Assùtte

Asciutto ed anche povero.

Attanagghià

V. Attanagliare, immobilizzare.

Attàne

Figura paterna; Pl. *Attanère. Attaneme* – Mio padre, *Dattànde o Attànte* – Tuo padre, *U attane* – Suo/a padre.

A tramòte

Di continuo e con grande energia.

Attaccà

V. Attaccare sia dal punto di vista combattentistico che

collante.

Attembàte

Anziano.

Attendàte

Attentato.

Attènne

V. Attendere.

Attìve

Attivo, operoso, dinamico.

Attùrne

Attorno. Raff. *Atturne atturne* – lungo il perimetro.

Auuandà

V. Acchiappare, accalappiare, catturare, prendere, acciuffare. Es. *Te i'auuandà!* - Ti prenderò!

Der. *Auuànde!* - Lett. Agguanta, attento, prendi questo al volo!

Es. *Auuande a Peppìne!* - Agguanta a Peppino! Usato in concomitanza d'imminente caduta di chicchessia! In risposta al "Come va?", *Auuandànne auuandànne!* – Così e così!

Auèèè!

Abbia la compiacenza di prestarmi un attimo della sua preziosa attenzione. Esclamazione sguaiata usata tipicamente per attirare l'attenzione in modo sgarbato!

Es. *Auèee Tonìne, ma se pote sapè ce ccose stà a fàsce?* - Antonio, si può sapere cosa stai facendo?

Auì

Oliva. Pl. *Auìne.* Es. *Sì mangiàte l'auuìne e mmò cache le nuzze!* - Hai voluto la bicicletta e adesso pedala!

Aùmme aùmme!

Di nascosto, rigorosamente illegale.

Autobùsse

Autobus, bus. Es. *Mòò seggnorìne, stà chìne l'autobùsse!* Accidenti signorina, sta pieno l'autobus! O in senso figurativo, a causa del suo seno prosperoso!

Auandànne auandànne

Così e così.

Avandììre

L'altro ieri.

Avàste

Basta, fermati, stop.

Avvambà

Arrossire o alimentare il fuoco.

Avè

V. Avere; coniugazione dell'indicativo presente:

*iì àgghie o iàgghie o àgghieche o iàgghieche o Iàveche (*più usato),

tu ha o ià,

iìdde àve o ha oià o iàve,

nù avìme o àme o àmme,

vu avìte,

lore hònne, hànne, iònne, iànne, àvene e iàvene.

Es. *Pe na càrte de pépe avìme rutte u prìise!* - Per una bazzecola abbiamo causato un grosso danno! *Avè amòre! –* Avere un ottimo sapore! *Avè all'ogne! –* Avere tra le mani!

Avetà

V. Abitare, risiedere, alloggiare.

Avògghiìe o Evògghiìe

Certamente, già da parecchio tempo ormai.

Avvecenà

V. Avvicinare, approssimare, accostare.

Avvertì

V. Avvertire, avvisare, sospettare.

Avvrazzà / Abbrazzà

Abbracciare.

Azzagà

Dar botte, sfregiare come monito. Der. *Azzagàte –* bastonato.

Azzeccà

Indovinare, tirar un pugno, centrare. Der. *Azzècche! –* stà bene, appropriato.

Azzeppàte

Urtato o mentalmente instabile. V. *Azzeppà*; Der. *Azzùppe* –

Urto potente o perdita economica improvvisa.

Azzettàte

Impegnato/a in relazione seria, lascia perdere!

Azzìcche

Vicino.

Azziòne

Azione, atto, condotta, gesto, attivo. Es. *Si pròbbìe*

d'azziòne! – Complimenti, sei proprio operativo!

- B -

Babbióne / Bambascióne / Babbè

Soggetto che si lascia abbindolare, credulone.

Babbìssce

Mento, scucchia, bazza o senza valore. Sin. *Pechiòcche, berghiìne* (in disuso).

Baccalà

Baccalà, merluzzo, stoccafisso, spilungone, fessacchiotto.

Bacìle

Catino o bacinella.

Bacìlle

Microrganismi patogeni.

Badà

V. Badare, curare, occuparsi di.

Baggèlle

Pagella scolastica.

Baggnà

V. Bagnare, inumidire, impregnare. Der. *Bàgne* – Bagno. Es. *ìisse dò bbagne!* – Esci dal bagno!

Baguttèlle

Cose di poco conto o piccolo lavoro per arrotondare.

Bagùglie

Cassone, cassa da morto; sin. *Tavùte* – bara, termine di chiara derivazione greca.

Balbettà

V. Balbettare.

Bànghe

Banca, banco o panca specie di chiesa.

Banghètte

Banchetto nuziale o pranzo per lieta evenienza.

Banghìne

Panchina da parco, banchina.

Banne

Banda musicale o d'amici;

Bàre / Pàre

Sembra. V. *Barè / Parè*

Barèse

Detto sia del cittadino della pregevole città di Bari, che della lingua parlata dai propri simpatici cittadini . Pl. **Barìse**. Der. A BBare – A Bari. Es. *U barèse iè de prisce!* – Il barese è portatore sano d'allegria!

Bàrre

Bar, caffè.

Barrèlle

Barella porta feriti.

Bastenàche

Carota, sciocco o più spesso utilizzata per indicare peni turgidi. Es. *Sta fatìghe che la bastenàche, ehhh!* – Sei attivo in questo periodo, ehhh!

Batòste

Scottante sconfitta o ricever *mazzàte*.

Battagghiére

Donna capoclan, irriverente o detta di famiglia matriarcale, nella quale il marito collabora col solo stipendio.

Battaglià

V. Battagliare, duellare, discutere animosamente.

Battamàne

Applausi.

Battarì

Batteria di fuochi pirotecnici o batteria di pentole da cucina.

Batte

V. Battere, colpire, percuotere. Es. *Battecòre* – Batticuore; *Battepànne* – Battipanni; *Battescòpe* – Battiscopa. Prov. *U ffìrre se bbatte acquànne iè ccalde!* Il ferro va battuto quando è caldo; ovvero, si deve approfittare dell'evenienza positiva.

Bavètte

Folata di vento freddo, corrente d'aria; es. *Ammène la bavette!* – Che brezza!

BBalle

Ballo, danza, grosse bugie.

BBare

Città Italo - meridionale con clima mite e gente calorosissima: *le Barìse*, razza terrona altamente selezionata che parla il mitico *barèse,* lingua locale con influssi latini, bizantini, borbonici, svevi, ottomani, balcanici, francesi e africani .

BBìle

Preoccupazione, angoscia, inquietudine. Es. *Non me si dann'a bbìle!* -Non darmi problemi, turbamenti! *Non de si pigghiann'a bbile!* - Non fartene una preoccupazione!

BBone

Buona o sexy.

Bbròte

Brodo in generale. Var. *de cìggere, de palumme, de pèsce, de polle, de vicce, de verdùre,* ecc.

BBuène / Bbune

Buono, bene, meritevole, persona di sicuro affidamento. Es. *Iè bbuène* – E' buono di carattere. *Iè bbune* – Ha un sapore gradevole.

Bècche

Becco, pizzetto al mento o cornuto (poco usato).

Becchenàre / Begghenàre

Volg. Donna abile nei giochi di lingua, non prettamente lessicali, senza parlarsi!

Der. *Becchìne* - Volg. Bocchino per fumatori o l'inarrivabile arte bolognese di lavorare di bocca!

Becchierìne

Bicchierino di liquore fatto in casa (specie limoncello o al cioccolato), offerto in caso di una visita di parenti e amici.

Becchìire

Bicchiere; es. *Becchìire de carte* - Convenzionalmente di plastica.

Bedòne

Bidone, fregatura o appuntamento mancato, o persona in forte sovrappeso da poter assimilare a bidone A.M.I.U.

Beggeglètte

Bici.

Berafàtte / Bellafàtte

Benfatta, armonica, ben formata, proporzionata, di belle forme.

Bèlle

Bello/a, senza fretta,; – stai calmo con le parole;

raff. *Bèlle bbèlle* – tranquillamente, con calma o stai calmo.

Es. *Uè, bèlle bbèlle a parlà!* – Fai attenzione a ciò che dici!

Bellìte

Bollito o carne lessa in brodo.

Bembàtte! / Bombàtte!

Ben ti stà! Sin. *Bomebàte.*

Bemmenùte / Benvenùte

Benvenuto, benarrivato, accogliere; es. *Benvenùte a seggnerì!* – Benvenuto lei!

Benedìtte

Piatto tipicamente pasquale preparato con salame o soppressata e uova sode.

Benòcle / Benòtte

Binocolo o portatore di occhiali.

Berebùffete!

Caduta buffa e stramba che stimola le risa.

Berzecchìne

Lett. Per i zecchini; portamonete.

Besciàrde

Bugiardo, falso, ipocrita, mendace, ingannevole.

Betteghìne o Pedeghìne

Il tabaccaio o, in passato, luogo dove era possibile giocare al lotto.

Bettegliòne

Bottiglione da 2 litri.

Bettòne

Bottone, pulsante, interruttore.

Bève

V. Bere; es. *Bbive!* – Bevi!

Es. *Bève a cannìidde!* – Bere alla canna!

Beveròne

Arc. Secchio per dar da mangiare agli animali; ora indica o la "bombazza" di proteine per il culturista oppure è sin. volg. di *Becchìne*.

Bezzóche

Bigotta, donna apparentemente pia, ma sotto sotto!

Bianghesciatòre

Imbianchino, tinteggiatore; chi nel passato dipingeva di bianco. Der. *Biànghe* – Bianco.

Biàte

Beato; es. *Biàte a ttè!* – Beato te!

Biùnne

Biondo.

Bò

Boia, famoso quello di Trani (*U bò de Tràne*) cui si annoverano centinaia di uccisioni.

Boccàle

Brocca.

Bòòòòòhhhh!

Non saprei che dirti, cosa vuoi che ne sappia io! Tutto condensato in un monosillabo, praticità barese.

Bomebàte

Ben ti sta! Ben fatto!

Bombètte

Bombetta inglese o petardi cinesi in fila (*Trìcche ttràcche*).

Bonàneme

Anima di persona defunta. Il barese è molto rispettoso verso i morti e per questo motivo le parolacce più irritanti coinvolgono proprio gli estinti.

Bonarìidde

Di quantità soddisfacente.

Borzètte

Borsetta femminile, obiettivo primario di scippatori.

Brasciòle

Bragiuola e non braciola che è altra roba; involtino di carne di cavallo cotta nel sugo,

piatto domenicale e di gran prelibatezza.

Brave

Bravo, competente, valente, preparato, ferrato.

Bregadìire

Personale in divisa, di qualsiasi grado e Corpo.

Bregessiòne

Processione religiosa.

Brescià

V. Bruciare, ardere o anche invidiare. Es. *Brùscie / Abbrùscie u cule, ehhh!* – Ti senti di fottere, ehh!

Brevògne / Bregògne

Vergogna o parte anatomica da coprire per decenza. V. *Bruegnà / Verghegnà* – Vergognare o vergognarsi.

Bròcche

Boccale, brocca.

Brutte

Brutto, malfatto, sproporzionato, antiestetico. Es. *Stà bbrutte!* – Stà proprio male, inteso soprattutto di salute.

Buàtte

Barattolo di latta, di derivazione prettamente francese (boîte).

Bùlle

Bollo o timbro.

Bussà

V. Bussare;

Prov. *Busse a denàre e respònne a bastóne!* - Cerchi di cambiare discorso?

Buzzarà

V. Ingannare, frodare o battere al gioco.

Ca

Che.

Cabbìne

Cabina.

Cacà

V. Defecare; der. *Cacammèrde* – Pusillanime, vigliacco, pauroso. Es - *Càche! / Caghe!* – Caga! Paga!

Cacaterrìse

Lett. Cacasoldi, detto di persona spendacciona che non se ne fa problemi.

Cacàzze

Paura, timore, spavento, terrore, sgomento. Der. *Cacazzùse* – Timoroso.

Ca cì!

Eccome! E che ti credi! E che ti pensavi!

Caccàne

Balbuziente.

Càcchìie!

Caspiterina, pensieri pressanti per la testa; es. *Tènghe tande cacchìie pe la cape!* – In testa mi rimbombano miriadi di problematiche contingenti!

Cacchióle

Cappio o arnese del muratore.

Caccià

V. Cacciare, mandare via, bandire.

Cadàvere

Salma o persona contraddistinta da lentezza cronica o dall'immobilismo.

Es. *O'òòòhhh, è mùvete cadàvere!* – Dai, datti una svegliata!

Cadde

Callosità. Es. volg. *A stà ssedùte m'hanne venàte le cadde au cule!* – A furia di stare seduti, mi si è prodotto un callo al deretano!

Cadè

V. Cadere, cascare, capitombolare.

Caffettére

Caffettiera per moka. Sin. *Ceclatére* - anche Bricco.

Calà

V. Calare, introdurre, ridurre, dimagrire, infilare. Es. *A chèdde giù calàbbe!* – A colei ho già apposto il mio timbro personale!

Calafatà

V. Impeciare una barca, cioè renderla impermeabile prima della tinteggiatura.

Calamarìiedde

Calamaretti, seppiette da mangiar crude o fritte.

Calandròne

Uccello di grossa taglia detto ovviamente anche di superdotato da madre natura, oppure malvestito o in senso dispregiativo dicesi di soggetto stupido e molto alto.

Calascióne

Soggetto facilone o trasandato.

Calàte

Schiaffo sonoro sulla nuca o sull'occipite o fianco di un tendaggio.

Caldacìime

Vampate color vermiglio del volto per impeto d'ira o voglia sessuale irrefrenabile dovuta al maggior afflusso di sangue ai genitali.

Caldàre o callàre

Colui che possiede una temperatura cranica molto elevata, testa calda.

Caldaròle

Nell'antichità era una contrada barese che si estendeva di là dall'estramurale Capruzzi, attualmente zona rinomata del quartiere Japigia, dove ho vissuto l'adolescenza.

Calde

Caldo, bollente, rovente. Der. *Calòre* – Calore.

Calzengìedde

Dolcetti di pasta frolla ripieni di marmellata spesso a forma di piccolo panzarotto.

Calzenìitte

Arcaiche lunghe mutande maschili, contrapposte alle più sexy "*Metandìne*" femminili.

Calzìitte

Calze in genere, è un francesismo (chaussette).

Calzóne

Pantalone o tradizionale pizza rustica con cipolle, specialità nostrana che conferisce tipica alitosi. Pl. *Calzùne*.

Camarère

Cameriera, serva, domestica. Es. *Ce si acchiàte la camarère!* – Scusa, pensi di aver trovato la tua serva! Maschile diventa *Camarìire*.

Cambàne

Campane di chiesa o teche di vetro porta-icone.

Cambanìidde

Campanello o soggetto che fa sparlare di sé.

Cambe

Campo, podere, terreno, fondo. Der. *Cambesànde / Cammesànde* - Cimitero, camposanto.

Cambiòne

Campione, asso, fuoriclasse, primatista.

Camenà

V. Camminare, passeggiare, andare a piedi.

Cammìse

Camicia. Der. *Càmmise* – camice da lavoro. Dim. *Camesèdde*.

Canàdeme

Mio cognato, come il famoso film di Sergio Rubini.

Sim. *Canàte* – Cognato, *Canàtte* – Tuo cognato.

Canarùte

Golosone; da colui al quale piace sollazzare "*le cannarìle*" – la gola, gargarozzo.

Canàte

Cognato /a. Es. *U canàte de megghìèreme iè ffràteme* – Il cognato di mia moglie è mio fratello.

Canavàzze

Lett. Canovaccio, straccio.

Candìne

Cantina, enoteca, osteria. Es. *La candìne de Ciànna Ciànne!* - Luogo chiassoso e confusionario.

Candà

V. Cantare ma anche parlare o confessare, verbo preferito dai "pentiti". Der. *Candastòrie* – Cantastorie.

Càne

Cane.

Canescìènze

Conoscenza; V. *Canòsce*.

Cangià

V. Cambiare, modificare, sostituire. Es. *Cangià l'àcque a l'auìne!* – Cambiare l'acqua alle olive, cioè andare a mingere, fare pipì!

Cangìidde

Cancello.

Cannèle

Candela; es. *U Stùta cannèle!* – Direttamente dal Kamasutra, celebre posizione che penso non abbisogni di spiegazione! Der. *Cannelìire* – Candeliere.

Cannelìcchie

Cannolicchio, mollusco stretto e lungo.

Cannòne

Cannone, bombarda, bocca da fuoco ma anche sigaretta autoprodotta con additivi stupefacenti.

Canòssce

V. Conoscere; con. *Canùssce / Acanùssce* – conosci.

Canzòne

Canzone, pezzo, componimento.

Capà

Scegliere con cura in un mucchio sparso, anche in ingresso a un locale. Es. *A capà le crestiàne!* – Selezione del personale. *Capà mmènze mmènze!* – Selezionare accuratamente in molteplicità, detto frequentemente dal fruttivendolo. Der. *Capabbiànghe* - Vigile urbano, in virtù del tipico copricapo.

Capacchióne

Detentore di grossa testa o tonto, duro di comprendonio, testardo.

Capacetà

Capacità o convincersi, rassegnarsi. Es. *Non arrièsce a capacetàrse!* – Non riesce a convincersi del fatto che l'ha preso in quel posto!

Capàsce

Capace, renditi conto; es. *Fatte capàsce!* - Renditene conto, fattene una ragione!

Capàse

Contenitore largo.

Capasìdde

Boccaccio, contenitore in genere di vetro.

Cape

Testa, capo, leader. Var. *Cape de pìppe* - Cranio allungato, quasi idrocefalico. *La cape de la scettùscene* - Testa che ricorda vagamente una tartaruga. *La cape a la sciòche!* - Pensare sempre e troppo al lato ludico di qualcosa. *La cape aggìre!* - Lett. La testa gira, sono parecchio incazzato; in genere è un avviso d'imminente sfogo di rabbia. *Tine la cape a sparte le rècchiìe!* - Caro amico la tua testa la usi solo come divisorio per le orecchie? *Tu tine la capa frèscke!* – Tu non hai pensieri che ti attanagliano! *Ué fà cape e cape?* - Barattiamo questo con quello alla pari? *Cape de cazze* - Bastardone! *Cape de zzì Vengìnze!* – nullatenente, di derivazione latina (caput sine census).

Capebànne

Capobanda, leader, trascinatore.

Capedemòrte

Torsi di cavolo da mangiare crudi o da condire per insalata, somiglianti appunto ad un teschio.

Capedestèzze

Gerarca, alto dirigente.

Capetà

V. Capitare, succedere, accadere.

Capetèste / Capatòste

Testardo, cocciuto come un mulo.

Capèzze

Cinghie che legano la testa del cavallo, redini.

Capezzòne

V.I.P., personaggio importante, autorità.

Capì

V. Capire, comprendere, cogliere; con. *Capessciùte!* – Capito! Der. *Capìssce a mmè!* Capiscimi! Intercalare molto usato per non dire un qualcosa innanzi ad altri.

Capìcchie

Capezzoli (più conosciuti con *Coperchìtte / Cheperchìtte*) o bocchetta di camera d'aria.

Capìdde

Capelli, capigliatura, chioma. Der. *Capidde ggnòre* – Capelli neri.

Capòòò!

Scusa giovane! Utilizzato per chiamare il caposala, il Cameriere, il Custode e pressoché tutti.

Capòcchie

Volg. Capocchia di spillo o glande; es. *Iè vviòle come la capòcchiìe!* – E' di color viola come il glande!

Cappìidde

Cappello o litro; es. *Minze cappiìdde* – Mezzo litro.

Cappótte

Gruppo di persone che si accaniscono contro un malcapitato reo di qualcosa, ammucchiata.

Capùzze

Testa d'agnello o coniglio tagliata a metà, da infornare e mangiare masochisticamente. Es. *Mìtte la capùzze nzìime alle patàne e alle lambasciùne!* – Poni la testa d'agnello in teglia con patate e lamponi.

Caravèdde

Caravella, ossia tipica imbarcazione.

Carciaràte

Carcerato, recluso in "*Càrcie*" – Carcere.

Cardengìidde

Fungo nostrano ricercato e prelibato, cresce sulle Murge.

Care

Caro, amato, adorato, diletto, costoso.

Carecàte

Caricato o scarica di botte, specialmente detto dal padre al figlio; Der. *Càreche / Carghe* – carico, usato anche nella briscola per indicare l'asso o il tre. Es. *Te ià fà na carecàte de mazzate!* – Ti gonfio come una zampogna! *Càreche a cchiàcchiere!* - Chiacchierone inconcludente; *Càreche a cciùcce!* - Sovraccarico o ubriaco, detto di chi abusa nel bere o a caricar l'auto.

Caregatùre

Caricatura, prendere in giro; es. *E cì iè la caregatùre!* – Non ho intenzione di esser preso in giro!

Caregnòne

Carogna, traditore, volta bandiera.

Caresà

Tosare, tagliare i capelli a zero; es. ricordo il professionista "*Temmàse u caresàtore*" – Da Tommaso, parrucchiere.

Caresìdde

Carosello, ideale ortaggio per fronteggiare l'arsura estiva.

Carìzze

Carezze.

Carna mòrte

Inetto, senza virtù apprezzabili.

Carràsse

Rione Carrassi, luogo in cui è possibile visitare la pregevolissima Chiesa Ortodossa di San Nicola.

Carrescià

Caricare, sopportare, trasportare.

Carruà

Lett. Cariare, tarlare e rodere; es. *Me sò carruàte nà mole!* – Ho un molare cariato!

Carteddàte

Cartellata, caratteristico dolcetto natalizio intriso di vincotto le cui origini sembrano essere ottomane.

Cartine

Cartina o carta velina per il confezionamento di una sigaretta "fatta a mano", molto più conosciuta per la preparazione di " *Nu spenìdde*" – Un stupefacente spinello!

Carvenàre

Carbonara, ex frazione di Bari, attualmente quartiere.

Carvòne

Carbone, torba, tizzone.

Case

Casa, abitazione, dimora. Es. *Càste* - Casa tua; *A ccase* – a casa mia, o a caso.

Cassce

Cassa, cassetta, recipiente in legno. Der. *Cascetèdde* - Gibbosità o cassettina.

Cassciabbànghe - Cassapanca, riferito soprattutto ad autoveicoli datati o voluminosi.

Castràte

Castrato, evirato, scoglionato.

Catafàlche

Lett. Catafalco, talamo funebre o dicesi di persona statica e noiosa.

Cataplàsme

Cataplasma, persona eterea ed evanescente che dà fastidio.

Càte

Cade; Es. *Mò càte!* – Cadrà a momenti! V. *Cadè*. Es. *Ce càte, arrìve!* - Non è molto distante! *Ha cadùte malàte!* - Lett. E' caduto malato, è malato!

Catenàzze

Catenaccio, divieto.

Cavàdde

Cavallo.

Cavaddòne

Grossa onda o dicesi di persona enorme e ingombrante,

oppure di donna dalle grosse taglie "intime".

Cazzà

Schiacciare, pestare, sperperare denaro irresponsabilmente.

Prov. *Va a ccazze le rizze cu cule!* - Va a quel paese!

Cazzapète

Macchina schiacciasassi, livellatrice del manto stradale.

Cazzaròle

Pentola di metallo.

Cazzavùne

Lumache, leccornia di altri tempi che, dopo averle fatte spurgare in vaschetta con coperchio per almeno tre giorni, partecipavano, loro malgrado, ad un succulento sughetto. Es. *Sì pròbbie com'o cazzavóne* - Sei come le lumache, lentissimo o esci solamente quando ha smesso di piovere.

Cazze

Inequivocabilmente, organo genitale maschile; più "z" vi sono, più marcata risulta l'esclamazione! Es. *Cazzze!* – Esclamazione di stupore e meraviglia. Dim. *Cazzuìcchie* – Cazzetto, organo di neonato.

Cazzemàrre / Marre

Torciglione d'interiora d'agnello, della serie "non si butta nulla"!

CCare

Bramare, smaniare. Es. *Chèsse iè ccare a mmè!* – Questa è

molto stimata da me!

CChiù

Più, di più o mai più secondo gli usi.

Es. *Cchiù ddà* – più in là, *Cchiù ddò* – Più in qua, *Cchiù o cuèste* – Più al lato,

Cchiunnùdde! – più niente! *Non de vogghìie cchiù!* – E' ora di contattare un avvocato divorzista!

CChiùmme

Piombo, testardo, peso morto; Es. *Cape de cchiùmme!* – Testa dura; Var. *A cchiùmme* - Caduto pesantemente.

CCìilze

Gelso, albero del gelso; es. *Ciìlze russe* – Gelso Rosso.

CCrute

In genere, frutti di mare e tutto ciò che il mare regala e che si mangia fresco e crudo.

CCuètte

Cotto o vincotto in genere.

Cecà

V. Cecare, accecare, rendere orbo. Es. *E iune! Disse cudde ca cecò l'ècchiie a la megghiìère!* E uno! Disse colui che accecò un occhio alla moglie!

Ce

Che, che cosa, se.

Ce ccòssce!

Come scotta ! quanto brucia! In tutti i sensi.

Ce ccose!

Che cosa! Es. *Ma ce ccose uè dalla vit'a mè!* – Ma cosa pretendi da me!

Cecuère

Cicoria.

Ceddóne

Let. Uccellone o dicesi di rincoglionito o ben dotato tra le gambe.

Cèffa

Impegnato, occupato, indaffarato.

Ce ffàsce!

Che fa! Che importa! Non interessa! Non fa nulla!

Ce iè?

Cosa è? Cosa succede? Cosa desideri? Tipica locuzione d'interposizione.

Es. *Mòòòò, e ci ièèè!* - E che diamine!

Cemmerùte

Persona con grosso handicap fisico, specie gibbosità.

Cendróne

Chiodo a testa larga usato in carpenteria, chiodo fisso, o detto di qualcuno il cui comportamento fastidioso ci causa mal di testa.

Ce pò

Se poi, se dopo, conseguentemente.

Cinème

Cinema.

Cenguàte

Malridotto.

Cèppe

Quartiere San Paolo, conosciuto come "Centro Elementi Pericolosi", ma è sola invidia!

Cepòdde

Cipolla (famosa quella d'Acquaviva), callo o buco anteriore nella calza.

Ceràse

Ciliegia cerasa, la cui coltura è molto produttiva in Puglia, termine di derivazione latina (cerasum). Der. *Cerasèdde* – Piccola cerasa.

Cercà

V. Cercare, bramare, tentar di trovare. Sin. *Acchià*. Es. *U cèrca cèrche* – Scroccone.

Ce remmàte!

Che porcheria! Detto di luogo sporco o di persona trasandata.

Cerróne

Testa.

Cèrte

Certo, certe, sicuro, assodato.

Cervìidde

Cervello. Es. *Non sàcce còme ià fa, me stògghe a mangià u cervidde!* - Non so come fare, mi sto mangiando il cervello!

Ce sà!

Chissà, speriamo che.

Cettà

Città.

Cetràte

Citrato, tipo magnesia, digestivo.

Cetròne

Cetriolo o persona stupida, che si lascia abbindolare.

Ce ttipe!

Che tipo variopinto! Che personaggio pittoresco!

Che

Con o insieme a! Es. *Che mè!* – Con mè!

Checcenà

V. Cucinare, preparare, cuocere. Der. *Checcìne* – Cucina.

Checchevàsce

Civetta.

Checchiàre

Cucchiaio o arnese per intonacare, di derivazione spagnola (cuchara).

Checchìne

Diminutivo di Francesca, Ciccio al maschile.

Checòzze

Zucca, zucchina o testa di persona acculturata o testa vuota, secondo i contesti.

Es. *La fatìghe se chiàme che checòzze, e a ttè non d'angòzze!* Il lavoro si chiama zucca e a te proprio non ti esalta.

Chedeuà / Schedeuà

Dondolare, muovere, oscillare. Tipico movimento per far addormentare i bimbi in passeggino o per arricciare i polpi in contenitore apposito.

Chedecà

V. Solleticare o invogliare, spronare qualcuno. Sin. *Sollètecà*.

Chèdde

Quella; si riporta al "Cusse" per vedere gli altri aggettivi dimostrativi.

Chègghere

Piccolo colpo dato con le nocche del dito medio sulla testa, molto doloroso.

Chegghióne

Volg. Testicolo, gonade o rincoglionito.

Cheggìne

Cugino / a.

Cheggnàme

Volg. Ciola arcaica.

Chelònne

Colonna, pilastro o il maggior esponente, il punto di forza.

Chelòre

Colore, tinta, pittura.

Chelquà / Cherquà

Poggiarsi per riposino, coricarsi o inumare un cadavere.

Chelùmme

Fiorone, fico di grosse dimensioni.

Chembà / Chembàre

Compare; es. *Uèèèè, Chembà!* – Ciao, amico mio! Der. *Chembagnì* – Compagnia; *Chembbàggne* – Compagno, amico.

Chembarì

V. Comparire, apparire, spuntare; es. *Ha chembàrse nnanze!* – E' comparso dinanzi!

Chenàte

Lett. Chino, piegato su se stesso, dicesi anche di drogato; es. *Cusse stè pròbbiìe chenàte!* - Questo è proprio fatto!

Chembatì

V. Compatire, commiserare.

Chembenì

V. Far convenire in giudizio, citare.

Chembessòre

Confessore.

Chembìitte

Confetti.

Chemmannànte / Comandànte

Comandante, direttore.

Chemmedènze

Confidenza.

Chemmegghiàte

Coperto.

Chemmùne

Municipio, comune.

Chendà

V. Contare, numerare. Es. *Pozze chendà sope a ttè?* - Posso far affidamento su di te?

Chendandèzze

Contentezza, appagamento. Der. *Chendènde* – Contento.

Chendenè

V. Contenere.

Chenèsse

Sparo forte o tiro imparabile al calcio o forte tiro di pallone al volo.

Chengegnà

Organizzare, ideare.

Chengertà

Preparare o ordire verso qualcuno.

Chenìgghie

Coniglio.

Chenvessà / Chembessà

V. Confessare, rivelare, condividere informazioni, aprirsi.

Chenzacrà

V. Consacrare.

Chenzemà

V. Consumare, usurare o finire.

Chensènze

Consenso, approvazione specie da parte di genitori al matrimonio della propria figlia.

Chenzìgghie / Conzigglie

Consiglio, opinione, parere. V. *Chenzigghià / Chensigglià*.

Chenzuà

V. Consolare, confortare.

Chepìrchie / Chevìrchie

Coperchio.

Cheppìne

Mestolo a coppa o schiaffo con "mano a coppa".

Cheppòne

Prestito, debito o pagamento a rate.

Chernùte

Cornuto, becco. Prov. *U vove dìsce chernùt'o ciùcce!* Il bue dice cornuto all'asino; più facile criticare che farsi l'autocritica costruttiva.

Cheròne

Corona o rosario benedetto.

Chertìdde

Coltello. Der. *Cherteddàzze* – Coltellaccio enorme.

Chescìne

Cuscino, guanciale o cuscino floreale regalato da colleghi o parenti dell'estinto.

Chesì

V. Cucire; der. *Chesetrìsce* – cucitrice. Così, in questo modo. Es. *Ha da fà chesì!* – Devi fare così!

Chespiìtte

Lett. Al cospetto, dinanzi o di fronte.

Chestàte

Costato o costata di carne.

Chestìpe

Raffreddore, costipazione. Es. *Tènghe u chestìpe!* – Sono raffreddato! *Statte attènde, angóre te miscke u chestìpe!* – Stai attento, vi è la malaugurata ipotesi che ti possa contagiare il raffreddore.

Chestòte

Custode.

Chetùgne

Cotogno o pugno con le nocche.

Chezzàle

Contadino, tamarro, no fashion. Es. Come il grande "Checco Zalone" – che gran tamarro! Es. *Sòrte de chezzalóne!* - Dicesi di persona un po' rustica, ruspante, ai limiti della decenza.

Chezzètte

Nuca.

Chià

Chiavi o risolvere una situazione. Es. *Sò acchiàte la chià!* – Ho trovato la chiave, la soluzione o la raccomandazione!

Chi t'è mmurte e stramùrte

Volg. Onoriamo i tuoi defunti!

Chiacóne

Fico secco, anche riferito a persone; plur.*Chiacùne.* Es. *Seccà le chiacùne* - Annoiare facendo perdere tempo. Prov. Volg. *U sòle assèche le chiacùne, ma tù assìche propre le chigghiùne!*

Chiamendà

Guardare, osservare; der. *Chiamendà bbrutte!* - Scrutare con particolare insistenza ed astio, per sfida!

Chiamìinde

Guarda o spazio tra una piastrella e un'altra,

pavimentazione.

Chiandà

Piantare, lasciare, abbandonare. Der. *Chiànde* – Pianta o pianto. **Es.** *Chiandà u zippe!* - Lett. Piantare il rametto, ossia stabilirsi in un luogo per lungo tempo, radicarsi.

Me sò ffatte na cape de chiànde! - Ho pianto insistentemente!

Chiandèdde

Piccola pianta o scopata, coito. Es. *Mà fa nà chiandèdde!* – Ti posso inseminare! Ovviamente detto principalmente da uomo.

Chiàne

Piano, lentamente; raff. *Chiàne chiàne* – Impercettibilmente.

Chiànge

V. Piangere. Es. *La gatte che frèche e chiànge!* - La gatta che mangia e piange! Non ti accontenti mai!

Chiangiamìgnue

Piagnucolone.

Chiangóne

Grosso masso o persona un po' pesante da sopportare!

Chianìdde

Ciabatta, pianella, calzatura aperta per primavera-estate.

Chiàppe

Corda per impiccare, o mezzo culo.

Chiàtte

Piatta, schiacciata; detto di donna dalle mammelle poco sviluppate (1^ o 2^).

Chiavà

Volg. Non significa "aprire con la chiave", bensì "aprire" la partner col proprio grimaldello! *Capìsce a mmè!*

Chiàveche

Lett. Chiavico, persona di ambo i sessi, furba che approfitta della bontà altrui, che ci sà fare! Raff. *Chiavecòne.*

Chiàzze

Chiazza o mercato rionale piazza. Es. *In mèzze a la chiàzze!* – In piazza!

Chidde

Quelli, quegli; es. *Chidd'è cchidde!* - Son solo loro, solo quelli!

Chiecàte

Curvo su se stesso, sbronzo, piegato, distrutto dal dolore. Der. *Chièche* – Piega o pliche dell'addome; *Chiène* – piena, sazia o alluvione. Es. *Levàsse le chiéche!* - Mangiare avidamente dopo un digiuno forzato/voluto, tipo matrimonio programmato!

Chiène

Piena /e, colme, inondazione.

Chièreche

Lett. Chierica, lunetta pelata o alopecia, non solo di clericali.

Chiète

Calmo o Chieti.

Chietrà

V. Impietrire, raggelare, agghiacciare.

Chievùte

Piovuto; da usarsi con il verbo avere, es. *Ha chievùte!* – Penso sia piovuto! V. *Chiòve.*

Chiggrichì

Chicchiricchì, solletico ebete da fare ai bimbi.

Chìine

Pieno, stracolmo; es. *Chìine de papannàcchie!* - Dicesi di luogo pieno di cianfrusaglie. *U cchìine cchìine* – Il pieno zeppo.

Chenziglìa

V. Consigliare, suggerire, raccomandare.

Chinzuà / conzolà

V. Consolare.

Chiocchiò

Abbeverarsi spasmodicamente, senza ritegno. Es. Si ffatte

chiocchiò! – Ti sei ubriacato all'inverosimile!

Chiòve

V. Piovere, piove.

Chìse

Chiesa. Prov. *A chiànge a la chìse!* – Si piange in chiesa! Non piangere sul latte versato!

Ci!

Chi!

Cialdèdde

Piatto povero della tradizione barese costituito da pan bagnato, olio, sale, origano e pomodoro, a metà strada tra bruschetta e frisa leccese. Rigorosamente utilizzato pane avanzato, condito in altre centinaia di versioni.

Ciàmbe

Zampa o mani umane in caso di rimprovero; es. *Llìive le ciàmbe!* – Giù le mani!

Der. *Ciambàte* - Manciata.

Ciambòtte

Misto di pesce variopinto di scoglio con scarso valore nutrizionale ed economico.

ingrediente principale per la zuppa di mare.

Ciamméne!

Ma guarda che condizioni climatiche avverse!

Ciappètte

Gancetto per unire fogli.

Ci auànde auànde! / C'auànde auànde!

let. Chi prendo prendo! A caso, a do coio coio.

Cicce

Francesco nell'intimità, incidente stradale, o pizza senza condimento; es. *Ha fatte u cicce!* – E' stato vittima di un incidente grave!

Cicèrchie

Legumi secchi poco commestibili, ma in mancanza di altro!

Ciffe / Cìifele

Cefalo; Es. *Ciffe a n'ècchiìe!* - Cefalo ad un occhio; pisello metaforico, il prepuzio

è l'unico occhio del "pesce-pene".

Cìggere

Ceci; es. *Past'e cìggere* – Pasta e ceci, odiata da mia figlia!

Cìile

Cielo.

Cime de rape e cime de cole

Cime di rape e di cavolfiori, di cui il barese è particolarmente ghiotto ed essenziali per alcune famosissime ricette tipiche. Es. *A tterà le cime de rape!* - Ricavare risorse da qualcosa o qualcuno che ne possiede poche.

Cimmerùte

Gobbo o tutto storto. Sin. *Ciùmme.*

Cìnde

Cento o cinghia, cintura.

Cingòmme / cigòmme / Ciungòmme

Anche detta Ciccigomma, Chewing gum, gomma da masticare.

Ciòcca

Lett. Ciò che, es. *Ciòcca te vògghie disce!* – Ciò che ti vorrei dire!

Ciofèche

Lett. Ciofeca, falso, detto anche di persona.

Ciòle

Volg. Ciola, protrusione maschile sita tra le coscie tendente a conferire piacere al gentil sesso. Usato notevolmente per indicare persone stupide, facilmente identificabili con esso. Es. *Ué, cióla mòrte!* - Essere inutile! Brutto cretino! *Uè, facce de ciole!* – No comment.

Cirre

Tentacolo del polpo, ciuffo di capelli o propaggine.

Citte!

Zitto, fai silenzio! Es. *Citte citte a fà la ióse!* - Per cortesia fate meno baccano! *Citte citte nménze a la chiàzze!* - Invano tentativo di tenere nascosto un segreto, come quello di

Pulcinella. *Statte citte!* - Sta' zitto!

Ciùcce

Asino, somaro.

Ci u sape?

Chi lo sa?

Ciutte

Satollo, tondeggiante, pieno. Raff. *Ciùutte ciùtte* – Simile ad un porcellino.

Còcchie

Coppia

Cògghie

V. Cogliere o raccogliere.

Colìne

Diminutivo di Nicola, il nome sicuramente più diffuso nella nostra città.

Condròre

Periodo post-prandiale estivo dove vige il silenzio più totale.

Core

Cuore, muscolo cardiaco, amore.

Còrrue

Carrube, pasto prelibato per equini. Sin.*Pestazze.*

Cose

Cosa o cuce.

Còsce

Scotta. Der. *Còtte* – Cotta, innamoramento intenso e frenetico. V. Cuocere.

Còscie / Còsse

Coscie.

Cote

Coda.

Cozze

Cozze, mitili. Es. *Sté a le cozze!* - Aver alzato un po' troppo il gomito, o in situazione disperata. Der. *Cozza patèdde* - Cozza patella, coccio di mare adeso agli scogli.

Crà / Domàne

Domani; der. *Cramatìne / Domanematìne* – Domattina. Opportuno introdurre gli avverbi di tempo della settimana barese: *Diatèrze* - Tre giorni fa, *Nestèrze* – L'altro ieri, *Aìire* – Ieri, *Iosce* - Oggi, *Pesecrà* - Dopodomani, *Pescrìdde* - Tra tre giorni, *Pescròdde* – Tra quattro giorni, e *Pescrùdde* – Tra cinque giorni.

Crènze / Crète

V. Credere, esser certo, esser convinto.

Crepàte

Lett. Crepato, morto, scoppiato, fessurato (di pareti); es. *Crepàte nguèrpe!* – Di crepacuore! V. *Crepà*.

Crià

V. Creare, fare dal nulla, dar vita.

Criànze

Educazione; es. *Bbona criànze* – Buon'educazione.

Criccrì

Sporcizia cutanea.

Crìscete

Lievito.

Creveddà

V. Crivellare di coltellate o proiettili (più moderno!).

Criùse

Curioso o pittoresco.

Crosce

Croce; es. *Cròscia sope!* – Rinunciare definitivamente all'amicizia con una persona o al recupero di soldi prestati; *Crosce e scrosce!* – Nemici giurati per sempre!

Cuà

V. Gocciolare, colare.

Cuagghiè

Lett. Quagliare, arrivare alla soluzione del problema, concludere.

Cuàndre

Contenitore largo e grande per sciabordare (lavare i panni).

Cuèdde

Collo.

Cuèrne

Corno per superstiziosi.

Cuèste

Lato, fianco oppure porre, collocare, oppure salvadanaio o, nel passato, metter i soldi da parte. Es. *Le so cuèste iìnde o mataràsse!* Attualmente è più adoperato *"MMise"* – Mettere.

Cuètte

Cotto nel senso di sfinito, stanco.

Cuèzze

Baccelli di fave novelle, di cui il barese fa incetta.

Cugne

Cuneo o panino tipico con salame e provolone, taglia 44-45!

Culerùtte

Fortunato nei frangenti della vita.

Cùndece

Contaci, terrò ciò che hai detto nella debita considerazione.

Cùndue

Chi se ne frega, mettilo in conto, raccontalo a qualcun altro; volg. *Cùndue ò cazze!* – Ma non farmi paranoie! Der. *Cunde* – conto, conta oppure racconta.

Cusse

Questo; vediamo ora gli altri aggettivi dimostrativi i quali indicano la posizione di una persona nello spazio, nel tempo o nel discorso rispetto a chi parla ed ascolta, sono:

Questo - *Cusse*, Questa - *Chèsse*, Questi - *Chisse*, Queste – *Chèsse;*

Codesto - *Cudde*, codesta - *Chèdde*, Codesti – *Chidde*, Codeste – *Chèdde*

Quello-Quell'-Quel - *Cudde*, Quella-quell' - *Chèdde*, Quei-Quegli – *Chidde ddè*, Quelle – *Chèdde ddè*

L'uso del "codesto" è sovrapponibile a "quello". Es. *La chèdde de cudde ie chèdde!* - Quella di lui (sua) è lei! Scioglilingua. *Chèdde ca passe mò, iè ièdde!* – Colei che sta passando, è l'artefice del misfatto!

- D -

Dà

V. Dare, regalare, lì, là. Der. *Date* – Dato.

Daccàpe

Daccapo, di nuovo; sin. *Arrète*.

D'acquànne

Da quando, dal tempo in cui.

Dadò

Lett. Da qui.

Daddò

Lett. Da dove, dal punto che.

Daffòre

Lett. Da fuori, all'esterno.

Dameggiàne

Damigiana.

Damodanànze

D'ora innanzi.

Dannànze

Là davanti.

Danne

Danno, rottura, guasto. Es. *Iè assà u danne!* – Il danno è cospicuo, sono scandalizzato!

D'appìerse / D'apprìsse

Lett. D'appresso, che abita di fianco.

Dàttere

Datteri, il re dei molluschi "vietati" e per questo molto ambiti e venduti solo al contrabbando.

Davére o Adavére

Sul serio; es. (Detto con stupore) *A davère stà'ddisce!* – Dici sul serio!

Dazze che

Dato che.

DDà mbònde

Da lì in fondo oppure da lontano.

DDinde

Ripieno per specialità farcite, nessun sà cosa vi è all'interno! Inquietante.

DDó te le fasce!

Dove hai la comitiva, oppure dove hai la tua alcova.

Dèbbue

Debole o fragile.

Decìte

V. Decidere, stabilire, determinare.

Debossciàte

Trasandato, malmesso.

De cì

Di chi? Usato con il verbo essere; es. *De cì iè?* - di chi è?

De dó ssì?

Da quale luogo ameno provieni?

Defènne

V. Difendere, proteggere, preservare.

Della rocche

Facilone, superficiale; es. *U figghie de Peppine, iè pròpprie della rocche!* – Il figlio del Sig.Giuseppe, è proprio insignificante!

Demèneche

Domenica; vediamo gli altri giorni della settimana (*Le dì de la Semàne*):

Lunedì, Martedì, Mercredì / Mercoledì, Scevedì, Vrenèdì, Sàbbete / Sàbete.

De mòrte

Spettacolare! Es. *U spettàchele ièva proppriìe de mòrte!* – Lo spettacolo è stato strabiliante!

Dènze

Lett. Dare udienza, dar retta, dar ascolto. Es. *Non dà dénze!* - Non ti curar di lui ma guarda e passa! Non ascoltarlo! *Non nge si dann'a dènze!* - Non dargli retta!

Depònde

Di punta o dispettosamente.

Derembétte o Faccembrònde

Dirimpetto, di fronte a.

Dermùte

Dormita, pisolino. V. *Dermì.*

Derrùtte / Derrùzze

Eruttazione potente, rutto sonoro.

Descetà

V. Svegliare.

Desciùne

Digiuno

De sguìnge

Lambito di traverso o di rimbalzo; es. *U motòre mà pigghiàte de sguìnge!* – La moto mi ha urtato sul fianco!

Dottò

Dottore.

Despiacè

V. Dispiacere, non esser gradito, non andare a genio.

Devambà

Divampare, inizio d'incendiò.

DDì

Dio o giorno; es. *Ce DDì vole!* – Se Dio vuole! Dimmi tè! V. *Disce.* Es. *Dì tu dì!* – Ma guarda un po'! Es. *Ci ha dditte u dettó?-* Che ha detto il dottore? *Decimangìue -* Diciamoglielo, una delle parole più difficili da pronunciare. Der. *Dicitangìlle* – Diteglielo; *Dìue!* – Dillo! Es. *Manghe a dìsce: ciùcce, bbéstie!* - Potevi anche degnarti di avvisarmi!

U dìscia disce – Il logorroico.

DDìnde

Il ripieno, la farcitura, insieme di ingredienti mixati.

Delòre

Dolore, fitta, male, dolenzia. V. *Dolè / Delè.*

Diàue

Diavolo. Es. *U diàue e l'àcqua sande!* - Dicesi di due persone che sono l'uno l'opposto dell'altro.

Diùbbete

Debiti, impegno finanziario, dilazione di pagamento.

Diauìcchie

Peperoncino. Prov. *U diauìcchie iè com all'autostrade, se paghe pe assì!* – Il peperoncino è come l'autostrada dove si paga all'uscita! In virtù delle nefaste ripercussioni sulle emorroidi.

Dìnde

Denti.

Discennènze

Discendenza.

Dìscete

Dita. Prov. *Le dìscete de la mane non zò ttutte uguàle!* Le dita della mano non sono tutte uguali; cioè che ognuno di noi è diverso agli occhi degli altri.

Discetà

V. *Svegliare, destare. Es. Mèh, discetìscete!* - Dai svegliati!

Dispratòne

Lett. Disperatone, completamente al verde; sin. *Sfasulate*.

Do

Dal, dallo.

Dò

Qui, qua, oppure curiosamente può significare "due" solo se riferito a vocaboli femminili come, es. *Dò stanze, dò rose.*

Dogghe

Do (dare) o regalo, dono.

Dolge

Dolce, zuccherino, mielato.

Donnànze

Qui davanti, dai dintorni, qui vicino; es. *Vattìnne da donnànze!* – Questa è la mia zona!

Dope / Po

Dopo; altri esempi di preposizioni improprie, sono: Davanti – *Innànze / Nnànze*, Vicino – *Vecìne / Azzìcche*, Lungo - *Lunghe*, Durante - *Mèntre*,

Verso - *Vèrse*, Mediante - *Tràmete*.

Dossùse

Qui sopra.

Drète

Dietro, alle spalle o in fondo.

Drètte

Dritta, soluzione, la giusta via; es. *M'acchià la drètte!* – Sforziamoci di trovare la risoluzione.

Drìtte

Diritto, eretto, furbo o guappo del gruppo.

Drizzà

V. Raddrizzare, aggiustare la rotta.

Du

Del; gli altri articoli partitivi sono:

Del,Dell', Dello - *Du*

Dei, Degli – *De Le*

Della, Dell', Delle – *De Le*.

Du iùne

Lett. Dell'uno; ingenuo o bonaccione. Vedasi i proverbi.

Dù dù

Lett. Due due, pochi, una manciata, un piccolo numero.

Dùppie / Dòppie

Doppio.

- E -

Ebbè? / Embè?

Allora? Che facciamo? Sin. *Mò!*

Ebbrè

Ebreo, detto di chi non fa concessioni a nessuno, per il mero ritorno economico.

Eccèdre eccèdre

Eccetera, con quel che ne consegue.

Ècchìe

Occhi; es. *Ècchìe dà fore* – Occhi di fuori, esoftalmo.

Var. *Ècchìe quagghiàte* - Occhi stanchi, rossi, infossati, es. *Si, se véte tine l'écchie quagghiàte! Ècchìe a melangiàne* - Occhi gonfi a seguito di un diverbio, del caratteristico colore della melanzana. *Non dénghe l'écchie pe cchiànge!* - Mi spiace non poterle elargire nulla. *T'ià fa l'écchie a ppande!* - Provocare un ematoma nella zona "peri-orbitale" a suon di pugni.

E ccóse

Eccetera.

E ccudde

Indicato con la mano, segnala qualcuno che ha compiuto un atto strano o incomprensibile. Es. *E ccudde dè, c tipe!* E quel tipo lì!

Ègghiìe

Olio di qualsiasi natura.

Ègne

Riempie, es. *Ègnerse le garze!* - Gonfiarsi le guance, quindi, abbuffarsi o arricchirsi.

Es. *S'ave aggnùte le garze!* – Ha approfittato dell'occasione.

E mmò sì ttù!

Allora sei tù? Non ti approfittare della mia amicizia!

Èrve

Erba, piante in genere, droghe tipo hascish.

Èsse

Verbo essere; di probabile derivazione americana in quanto pronunciato come il "Si"a stelle e strisce(Yes); coniugazione dell'indicativo presente: *iì sò, tu sì, iìdde iè, nù sìme, vu sìte, lòre sò/sònde* (in disuso). **Sin.** Osso umano o animale.

E statte!

Non perdere tempo, muoviti; sin. *E stàmece!* – Tranquillo che non abbiamo fretta per niente!

Ève

Uovo, ovulo.

- F -

Fà

V. Fare, realizzare, preparare, compiere, copulare. Es. *Mò, vènghe da fà!* – Ho appena finito di eiaculare! *Fatte a cciùcce!* - Ubriachi fradici! (Stanti su quattro zampe).

Facce

Faccia, viso, volto. Dim. *Faccètte* – Faccia di bronzo! Es. *Facce de cióle!* - Soggetto con gravi impedimenti estetici o antipatico. *Uè, facce de dù Novembre!* Faccia da due Novembre, ovvero faccia estremamente triste o contrita.

Faccembrònde

Situato di fronte, dirimpetto.

Fadegà

Lett. Faticare, lavorare, produrre.

Contr. *Dà le lebbrìtte* - Licenziare, Divorziare, lasciare il proprio partner.

Faduarì

Sciocchezze, stupidità.

Fafuèche

Lett. Fa fuoco, detto di chi attizza le ire, ignitore di liti.

Faièle delle cane

Raffaele l'accalappiacani, famoso personaggio adibito alla cattura di randagi.

Fallì

V. Fallire, sbagliare, mancare.

Falze

Falso. Es. *Sì ffalze come la monète da 3€!* – Sei falso come la moneta da 3€!

Fasce

Verbo fare; coniugazione dell'indicativo presente:

iì fàzzeche, tu fasce, iìdde fasce, nù facìme, vu facìte, lore fàscene. Es. Facìme che se more! – Facciamolo, perché la vita è così fugace!

Con. *Fammìlle* – Fammela, *Fàmmue* – Fammelo, *Fèue!* – Fallo! *Fàzzeche* – Faccio. *La rasce accóme la ué la fasce!* - Pesce che si può cuocere in tutti i modi, o trattasi di soggetto facile da raggirare!

Fasùle

Fagioli; dim. *Fasuline* - Fagiolini. Prov. *Paste è fasùle, la fèste dù cule!* - Pasta e fagioli, la festa del sedere!

Fatecà

Lett. Faticare, lavorare, operare, impegnare. Es. *A BBàre, iùne fatìghe e dèsce acchemànnene!* - A Bari, uno lavora e dieci comandano!

Fave

Fave; es. *Fave de cuèzze* – Fave novelle.

Fa vècchie

V. Invecchiare, incanutire, avvizzire, sfiorire.

Fazzuètte

Fazzoletto.

Fecàzze

Focaccia, cibo degli Dei.

Fecùse

Focoso, furioso, acceso.

Feccà

V. Ficcare, intromettere, penetrare.

Fedà

V. Fidare, confidare, aver fede.

Feddàte

Affettati in genere.

Fedùgge

Fiducia, fede, speranza, aspettativa.

Fegacción̄e

Ciao bello/a in senso ironico, cioè detto a vanitoso.

Fégghete

Fegato.

Fegghià

V. Figliare, partorire, procreare.

Fèisbuche

Facebook, il più amato tra i social network, dal quale è nata l'idea di questo manoscritto.

Felecetà

Felicità, farti gli auguri.

Feleppìne

Corrente d'aria fredda o corrente d'aria.

Feleppàte

Rincretinito o drogato.

Felóne

Filone (maxi baguette barese) o quattro facce.

Fèmmene

Femmina, donna, rappresentante del gentil sesso.

Fenèstre

Finestra.

Fènge

V. Fingere, simulare; Con. *Fèngeche* – Fingo.

Fenùcchie

Finocchio vegetale o umano.

Fercìne

Forchetta o forcina.

Fernacèdde

Piccolo barbecue da esterno "balcone" per grigliate in famiglia e appuzzolire i condomini.

Fernèsce / Fernì

V. Finire o Finisce, ultimare, compiere, concludere. Der.

Fernùte – Esaurito, finito.

Es. *Acquànne fernìsce fàmme nù fisckè!* - Quando finisci, fammi un fischio!

Fertìne

Fortino, sito sulla muraglia di Bari vecchia, costituiva il porto ottocentesco.

Fescì

V. Correre, precipitarsi, scappare, trottare. Raff. *Fescènne fescènne.*

Fèsse

Fesso, sciocco, cretino.

Fète

Fede, anello nuziale oppure malodore, puzza. Es. *Féte de scazzìine* - Tipico Puzzo d'urina putrida di sotto i ponti, o soggetto con acre puzzo di sudore.

Faiéle ce féte! - Hai la puzza sotto al naso!

Fetèsce

V. Puzzare; con. *Fìite!* - Puzzi, emani cattivo odore.

Fetendarì

Lett. Fetenteria; schifezza, cosa inutile e dannosa oltre che brutta.

Ffà u de cchiù!

Sovrastimarsi, strafare.

Ffrìscke

Fresco, leggermente freddo, appena fatto, di giornata.

Fiatà

V. Fiatare, parlare o alitare; Der. *Fiàte* – Fiato.

Fiche

Non quello che pensi, ma fico.

Fichenìnne / Fichenìdde

Fico d'India.

Ficchètte

Lett. Colui che ficca il naso, curiosone, che non si fa i fatti propri.

Fidà

V. Fidare, con. *Fìdeche* – Mi fido.

Fìgghie

Figlio; es.

Fìgghie de – Figlio di.

Fìgghieme - mio figlio, rafforzativo di possessività.

Fìgghiete – tuo figlio.

U fìgghie de – suo figlio.

Es. *Iè nù fìgghie de mèzze e mèzze!* – E' un figlio nato nell'ambiguità, oppure è un tipo ganzo.

Filabustire

Imbroglione.

Finghè

Finchè, sino a; sin. *Fine a quanne* – Fin quando.

Fìrrefelàre / frefelàte

Fil di ferro.

Fodde

Folle o fretta.

Fògghie

Foglie, fogliame.

Fonge

Fungo.

Fòre

In campagna o da fuori, forestiero; es. *Ma tù si de fòre?* – Non sei barese, vero?

Frabbecà

Lett. Fabbricare, erigere, costruire immobili; der. *Frabbecatòre* – Muratore; *Fràbbeche* – Fabbrica.

Fràdeme

Mio fratello; der. *Fràtte* – Tuo fratello.

Frangètte

Taglio di capelli sopra alle sopracciglia, tipo cane Yorkshire.

Fràte

Fratello, germano, confratello, compagno.

Frecà

V. Mangiare, derubare, sottrarre, copulare, raggirare, buggerare. Es. *Stà frecàte a ciùcce!* - Essere idioti in quantità considerevole. *U frèca frèche* – Colui che mangia o deruba a più non posso!

Fregacchióne

Gigolò, particolarmente stimato dal gentil sesso.

Fremmàgge

Formaggio; der. *Fremmaggiàre* – Salumiere.

Fremmìche

Formiche.

Fresóle / Fresòre

Padella per friggere. Es. *La fresòle se pìgghiìe do màneche!* La padella si prende dal manico! Vien detto quando qualcuno ci palpa il posteriore!

Frève

Febbre; der. *Frevènde* – Febbricitante.

Frìdde

Freddo; es. *Fridde m-biìtte* - Lett. Freddo in petto, cioè senza emozioni.

Frisce pulpe

Intessere relazioni amorose, oppure specifica che l'obiettivo prefissato è ancora lontano. Es. *Stà ffrisce pulpe!* – Ti stai dando da fare! *Nà dà frisce de pulpe!* – Ne dovrai friggere di polpi per perseguire il tuo scopo! Ce ne vorrà di tempo o ci vorrà molto lavoro.

Frìscke

Fischio, fresco.

Frìttue

Pastella lievitata e fritta di forme diverse.

Frònze

Foglia, ramo; der. *Fronze dell'òre* – Foglia d'alloro.

Frùsce

Seduta fiume, diarrea.

Frùsckue

Furbo, o personaggio che la sa lunga, di cui non ci si può fidare.

Fuèche

Fuoco o fornello.

Fuèrce

Forbici.

Fuèsse / Fusse

Fosso, baratro o fossi, es. *Ce fusse tù acchesì?* – Se fossi tu come lui? (In disuso, attualmente si preferisce "*Íive*")

Fùlmene

Fulmine.

Fume

Fumo, esalazione, smog, pezzo di cannabinoidi.

Fuochìste / fremenànde

Fiammifero o cerino.

Furiengùle

Volg. Corsa precipitosa, spesso con rotolo di carta igienica in mano.

Fùscia fusce

Fuga isterica della folla o di malvivente tipo scippatore.

Futte futte

Alla chetichella, da gran furbastro.

- G -

Gabbà

V. Gabbare, ingannare, tradire.

Gàdde

Gallo o altrimenti il trascinatore, il più sfrontato del gruppo.
Der. *Gaddìne* – Gallina.

V. *Gallià* – appunto, spadroneggiare, far il bullo.

Gaddùse

Lett. Calloso; detto di pasta spessa fatta in casa che mantiene il suo stato semi-duro,

nervetto di "brasciòle" o duro, calloso; infine, detto di erezione soddisfacente e propiziatoria.

Gàgge

Lett. Gabbia oppure corteggiatore/trice rapace tipico del centro cittadino, Via Sparano e dintorni.

Gaggiàne / Gabbiàne

Gabbiano.

Gainètte

Sedere o fatica.

Galandòme

Galantuomo, signore.

Galètte

Bacinella; der. *Galettòne* – Tino per bucato a mano d'una volta.

Galiòte

Lett. Galeotto, lazzarone.

Gambre

Gambero.

Gamme / Gàmbe

Gambe.

Gangàle

Dente Molare o, in perfetto stile dentistico, richiesta esosa di denaro.

Gànze

Amante di donna sposata; sin. *Chembàre*.

Garbàte o Aggarbàte

Educato, realizzato a regola d'arte o a modo.

Garbenìere

Carabiniere.

Gardidde

Galletto, bullo.

Garzale / Gàrze

Garza per medicazione o guance originariamente di cavallo, poi estese a tutti gli esseri viventi.

Gastemà

V. Bestemmiare, imprecare. Es. *Non me sìte facènne gastemà, cà ièsse tùtte la pregessiòne!* Non fatemi bestemmiare che altrimenti vi enuncio tutti i Santi del calendario!

Gebellére

Baldoria, Caos piacevole.

Gedezziùse

Giudizioso.

Gelòse

Gelosa / e, sospettosa, diffidente, incerta, possessiva. Es. *Iè gelòse che iidde non iè gelùse come a ièdde!* – E' gelosa che lui non è geloso come lei! Scioglilingua.

Gemendà o Aggemendà

Sfottere, infastidire, insultare, rompere le palle in genere.

Gerà

V. Girare, svoltare, ruotare.

Ggènde

Gente, persone, gruppo. Sinceramente è adoperato maggiormente il termine: *Crestiàne* – Gente (Cristiani).

Ggiùste

Giusto, equo, imparziale. Der. *Ggiùste mò!* – Proprio adesso!

Ggnòre

Nero o scuro di carnagione.

Ghedè / Godè

V. Godere, beneficiare, esultare, usufruire, rallegrare i sensi, "venire".

Gheggióne

Tipo di pesce facile da catturare, o esser fesso; nel passato significava adulatore.

Ghigghiòne

Volg. Testicolo o inguaribilmente stupido.

Ghestà

V. Costare, comportare, gustare, assaporare. Der. *Ghestòse* – Gustosa, *Ghestùse* - Gustoso.

Ghettòne

Cotone.

Giorgianese

Forestiero in genere o chi parla una lingua non nota ed incomprensibile.

Giòvaneee!

Detto gioviale per attirar attenzione. Der. *Gioventù* – Giovincello!

Gerà

V. Giurare; con. *Giùreghe!* – Giuro!

Giubbànze

Tangente, pizzo; sin. *Recotte* – Ricotta.

Gnemerìdde / Ghiemerìdde

Involtini di carne fatti con frattaglie bovine, ma veramente squisiti e da notte insonne!

Gnorànde

Ignorante, analfabeta, incompetente.

Gnotte

Ingoiare o mangiare spasmodicamente.

Gocce!

Lett. Goccia, usato per esclamazioni di disappunto o spavento; es. *Gocci'a d'avè* - Che paura che mi hai fatto! Che ti prenda un fulmine!

Grànne

Grande, primogenito, adulto, vissuto. Es. *Sì u grànne a caste?* - Sei il primogenito di qualche nobile stirpe per vantare cotali diritti?

Granerìse

Riso a chicci voluminosi.

Graste

Pianta da vaso.

Grattà

V. Grattare, prudere, raschiare, fregare. Raff. *U gràtta gràtte* – Il rubare senza ritegno! *Grattacàpe* – Problema.

Gràttamarianne

Granatina estiva tipo grattachecca romana.

Grattùse

Malvivente, ladro.

Greffuà

V. Ronfare, russare rumorosamente.

Greggefisse / Crocefisse

Crocifisso.

Guandìiere

Vassoio.

Ià

Devo, debbo. Es. *Ià scì a pegghiè la peccenènne!* – Devo andare a prendere la bimba!

Iàbbre / Iapre

Aprire o alzare il volume di gas cucina o audio.

Iàcque

Acqua; der. *Iàcque mmòcche!* – Acqua in bocca!

Iàlde

Alto; sin. *Iirte,* mentre *Ièrte* – Alta. Raff. *Ièrta ièrte* - Dicesi di donna molto alta.

Iàngele

Angelo/a.

Iasciòne / Ghiasciòne

Lenzuolo, dal latino "Iàceo"; sin. *Lenzèle*, più usato.

Iàspre

Aspro, acerrimo.

Iè

È (essere), di evidente derivazione americana, come dall'es. Iè Íidde! – Yeah! It's Him! – E' lui! V. *Ièsse*, che può significare anche "Esce" , pronunciato esattamente come il "Yes" anglosassone.

Ièdde

Lei, essa.

Iègne

V. Riempire.

Iettatùre

Iettatura, malocchio, malaugurio, fattura. Der. *Iettatòre* – Iettatore.

Iì

Io; il principe dei pronomi personali, il più importante, il più declamato e conteso, ma vediamo gli altri, che sono:

Io – *Ì* - *Iì*, Me/mi – *Mè/mi*, Di me – *De mè*, A me/mi – *A mmè/mi*, Da me – *Da mè*, Con me – *Che mmè*.

Tu – *Tu*, Te/Ti - *Tè/te*, Di te – *De tè*, A te/ti – *A ttè/te*, Da te – *Da tè*, Con te – *Che ttè*.

Egli/Ella o Esso/Essa o Lui/lei – *Iìdde/Ièdde*, Di sé – *De Iìdde/Ièdde*, A sé – *A Iìdde/Ièdde*. Da sé – *Da Iìdde/Ièdde*, Con sé – *Che Iìdde/Ièdde*.

Noi – *Nù*, Noi/Ci – *Nù/Nge*, Di noi – *De nù*, A noi/Ci – *A nnù/Nge*, Da noi – *Da nù*, Con noi – *Che nnù*.

Voi – *Vu*, Voi/Vi – *Vu/Ve*, Di voi – *De vu*, A voi/Vi – *A vvu/Ve*, Da voi – *Da vu*, Con voi – *Che vvu*.

Essi/ Loro – *Lore*, Sé/si – *Le/Lore*, Di sé – *De lore*, A sé – *A llore*, Da sé – *Da lore*, Con loro – *Che llore*.

Ìinde

Dentro, in. Der. *Ìisse e ttrase* – Tipico movimento a stantuffo: esci ed entra!

Iìsse

Esci, molte volte rafforzato da fuori, *Iìsse daffòre!* – Esci!

Imbignà

V. Impegnare.

Indèrnètte

Internet, rete, web. Passatempo contemporaneo, usato principalmente per farsi i fatti altrui con i social, .

Ingaggià

V. Ingaggiare, prendere a servizio.

In gàse!

Caso mai! In casa.

Iògne

Unghia.

Iònge

V. Ungere, lubrificare, oppure sborsare tangente per il proprio tornaconto.

Iòrfene

Orfano.

Iòsce

Oggi. Es. *Iòsce a la dì!* - In the afternoon! *Iòsce a uétte* - Lett. Oggi a otto, cioè tra una settimana. *Iòsce non me séndeche!* - Oggi non stò bene! *Iòsce stè com'o pèbbete / pèpete affetessciùte!* - Oggi sei intrattabile, si comporta in modo cinico e misantropico.

Iòse

Far casino, baccano.

Iùne

Uno; der. *Du iùne* - Cretino! Ma vediamo gli altri aggettivi numerali fino a cento:

Dùe, Trè, Quàtte, Cìnghe, Sé, Sètte, Uètte, Nnove e Dèsce. Vinde, Trènte, Quarànne, Cenguànde, Sessande, Settande, Uèttande, Novànde e Ccìnde.

Es. *Sì probbiìe du iùne!* – Lett. Sei proprio dell'uno, cioè tarato, cretino. Derivante dall'idea che i ragazzi nati nel 1901 fossero troppo giovani perché siano arruolati nella prima guerra mondiale e troppo vecchi essere soldati nella seconda, e quindi buoni a niente.

Iùsckue / Iùsche

Bruciante, piccante; V. *Iusckuà.*

Iùse

Uso, tavernetta, locale internato.

- L -

Lacce

Laccio.

Lacèrte / Lacèrtele

Lucertola. Der. *Mbrascedàte* - Detto di lucertola mitologica che poi è il semplice Geco, il quale si credeva capace di lanciare liquidi a metri di distanza. Es. *Ehi, a tè! La chèdde cà tène la facce de la lacèrtele mbrascedàte!*Ehi tù! Quella che ha la faccia del geco!

Ladre

Ladro, mariolo, rapinatore, malvivente. Sin. *Topìne.*

Laganàre

Mattarello.

Lagnà

V. Lamentare, lagnarsi; der. *Lagne* – Pianto continuo.

Laghene/Laneche

Fettuccine casalinghe, famosissime quelle ricce fatte esclusivamente col sugo di pesce. Es. *La laghene a rèzze.*

Lambàre

Lampione o lampara per pesca notturna.

Lambasciòne

Lampone o detto di persona stupida.

Lambe

Lampo.

Lardìiedde

Lardo in cubetti per soffritto.

Larde

Lardo, grasso, adipe. Der. *Lardòse* - Detto di donne in visibile stato di obesità oppure sciupone. *Lardùse* – Lardoso riferito a uomo.

Lassà

V. Lasciare, abbandonare, piantare.

Es. *Làsse fà a mmè, 30 anne se pigghiò!* - Lascia fare a mè, ebbe trenta anni di galera!

Fidarmi di te, neanche per sogno! *Lasse e ppigghìe* – Lascia e prendi, detto di colui/colei che cambia spesso partner.

Lavà

V. Lavare, detergere, pulire. Es. *A lavà la cape du ciùcce se pèrde iàcque, timbe e sapòne!* - A lavare la testa dell'asino perdi acqua, tempo e sapone! – Razionalizza le tue risorse!

Lavadìende

Etim. lava denti. Misto di ortaggi freschi da gustare tra pietanze; generalmente composto da finocchi , ravanelli, carote e cicoria . Sin. *Sopatàue*, Etim. Sopra la tavola.

Leccà

V. Leccare; der. *Leccamùsse* – Lecchino, adulatore e leccatore professionista. Es. *Leccàsse u dénde* - Prenderci gusto per qualcosa.

Lèche

Podere, luogo, campagna, appezzamento di terra.

Le mégghiìe murte tù!

Volg. Onore ai tuoi avi.

Lemòsene

Elemosina.

Le murte de chi t'è mmurte

Volg. Alla memoria dei tuoi avi.

Le murte tù!

Volg. Onore ai tuoi morti.

Lendàne

Lontano, distante, staccato.

Lènde

Lento, lente per occhiali, detto di defecata semi-liquida o anche di caffè annacquato.

Lendècchie

Lenticchie o lentigini.

Lènghe

Lungo, alto; raff. *Lènghe lènghe* – Disteso.

Lèngue

Lingua o linguaggio, dallo spagnolo lengua.

Lepòmene

Uomo lupo mannaro.

Lèsce

V. Leggere, sfogliare.

Lèttere

Lettera, carattere, scritto, messaggio.

Levà

Togliere di mezzo, con. *A llìeve* – Togli; es. *A llìeve le mane!* - Non toccare, non toccarmi!! Sin. Seppioline da mangiare rigorosamente crude;

Levèdde

Livella.

Liàndre

Oleandro o amaro.

Libbre

Libro, volume, opera, testo.

Lìitte

Letto, giaciglio. Es. *Sì cadùte da sop'o lìitte!* - Sei caduto da sopra il letto!

Lìive!

Togli! Raff. *Lìive Lìive!* - Allontana da me questa cosa immediatamente! Der. *Lìvete!* – Togliti! Ma anche livido, ematoma. Es. *Lìive le mane ddo ppane* - Codesta se permette è roba mia!

Lióne

Pezzo di legno per camino o per fornace.

Lissce

Lett. Liscio; es. *Lisscebbùsse* - Liscio e busso, posizione transitoria nel gioco del "tressette".

Liùne

Leoni.

Llose

Colpa, nomea, nominata, fama, reputazione negativa.

Lòffe

Peto silenzioso ma micidiale, persona inconsistente.

Lope

Fama o frutto del Caco,

Lote

Fango o loto, frutto del caco, da non confondere col frutto del w.c.! Pl. *Cachìne!*

Lùcete

Lucido.

Lùldeme

Ultimo, finale, conclusivo.

Lune

Luna, satellite. Es. *Lunachiène* - Plenilunio.

Lurde

Lurido, sporco, sudicio, zozzo, schifoso. Es. *Sì nu lurde!* – Sei immondo!

Lusce

Luce.

- M -

Mà

Mai o vezzeggiativo per dire "mamma".

Maccaróne

Maccherone o individuo poco scaltro, stolto, sciocco; es. *Sì pròbbìe nu maccaròne appatendàte!* Sei proprio stupido con certificazione ISO 9001!

Maccarùne

Maccheroni, pasta in genere, gruppo di faciloni.

Macchiètte

Persona spiritosissima, caricatura.

Maceddà

V. Macellare, far una strage, far diverse vittime.

Macìidde

Macello, mattatoio o grande confusione.

Madò! / Matò

Lett. Madonna! Veramente? Davvero? E ora che si fa? Sin. *Mòò!* Detto con espressione di stupore, è un'esclamazione molto usata per espressioni di sorpresa, positiva o negativa che siano; Per aumentarne l'enfasi si tende a prolungare la durata della "a" e della "o", come nell'es. *Madòòò, ce féte chèdde!* - Riferito a donna particolarmente schizzinosa e con la puzza sotto al naso.

Magàgne

Imbroglio, truffa o trucco, falso.

Magaraddì!

Volesse il Signore!

Màgghene

Auto, macchina; der. *Magghenètte* – Macchinetta, tipo rasa peli.

Magghiàte

Castrato.

Magne

Mangia, raff. *Magna magne* – ruberia gneralizzata.

Maggnòtte

Beatle, scarafaggio o seppioline.

Maisì / Mai sì / Nziamà

Che ciò non avvenga mai!

Malacàrne

Cattivo, malvagio, maligno, infame.

Malàndre / Malangre

Interiora di seppie o allievi, sacca contenente il nero, da degustarsi anche fritte. Indica anche frenetica voglia di sesso, Es. *Mò te ìa sckattà le malandre!*

Malannàte

Colui che porta iella; sin. *Tènda gnore.*

Maledìsce

V. Maledire, imprecare, scomunicare.

Male male!

Male che vada!

Malesànghe

Lett. Sangue cattivo, stato di agitazione continua.

Maletìmbe

Clima nuvoloso o detto di persona palesemente innervosita.

Malòmbre

Ombra persecutoria ed inseguitrice.

Mamme

Mamma, genitrice, persona con cui si è avuto un rapporto speciale. Der. *Mammamè!* – Mamma mia! Es. *Parle come t'ha ffatte màmmete!* - Sii più naturale nel parlare, usa parole tue! *Iè ccòme nà mamme!* – È come una mamma! *Tutte la mamme / Tutt'u attàne!* - Somigliante alla mamma / padre.

Mambróne

Oggetto o soggetto ingombrante ed inutile.

Mandenè

V. Mantenere, reggere, conservare.

Mane

Mano. Es. *Mane m-bìitte* - Arcaico gioco dei ragazzini con le figurine dei calciatori, coperte appunto da una mano sul petto, per le quali bisognava indovinarne il numero.

Mangà

V. Mancare, venir meno o morire; der. *Mangànde –*
Mancante.

Mangià

V. Mangiare, nutrire. Es. *Mangià regalàte o mangià ndùne*
- Mangiare gratis. *Mangiàsse u cervìidde!* - Sforzarsi tanto
senza riuscire a venire a capo di un problema. *Mangià a la*
credèle! – Mangiar scondito! *Mangianne mangianne –*
Mentre mangiava. *U mangia mange* – Approfittare di cibo o
altro in abbondanza.

Mannà

V. Mandare, inviare, licenziare; der. *Mannàte –* Mandate.

Mannàgghìie

Mannaggia, imprecazione.

Mannìle

Asciugamano; es. *Annùsce u mannìle ca c'u sanghe de la*
vermàte me so ffate a iòre de nòtte! Portami un
asciugamani, perché mi sono imbrattato alquanto con il
sangue della vermata (esca viva da pesca).

Mantenè

V. Mantenere, sostenere anche economicamente, reggere.
Der. *Mantenute –* Mantenuta, comare.

Maomào

Soggetto appartenente ad altra etnia.

Mappìne

Straccio per pulizie da cucina. Sin. *Mappìno* - Violento ceffone a scopo educativo.

Mare

Mare di cui ogni barese è amante, anche se non lo trattiamo proprio coi guanti bianchi. Es. *Mare a mè!* - Povero me! *Da mare véne e da mare và!*- Da dove arrivano le cose, li tornano inesorabilmente.

Marànge

Arancia. Prov. *Che chisse chegghiùne sò, no marànge!* - Queste sono gonadi, non arance! Riferito ai testicoli, significa che mi hai "gonfiato" a dismisura.

Maredà / Maretà

Lett. Maritare, sposare, congiungere, "mettere il cappio".

Marenàre

Marinaio, navigatore, uomo di mare.

Margiàle

Grosso martello, arnese del muratore e indentifica lavori fatti a mano anche quelli fatti dall'uomo nell'intimità.

Marìte

Marito, coniuge.

Martìidde

Martello, maglio. Prov. *Ce sì ncudene stàtte, ce sì martìdde bàtte!* - Se se incudine stai fermo, se sei martello, batti!

Mascenà

V. Macinare, tritare.

Masckre

Maschera, doppia faccia, apparenza. Es. *Cudde porte la masckre!* – Attenzione che quello è un infiltrato!

Mascuòne

Donna con i tratti mascolini, trans.

Masque

Maschio, maschile, vigoroso.

Masse

Massa, impasto, mucchio, ammasso. Es. *Si Trembàte la masse?* – Hai impastato la massa?

Mataràzze

Materasso, giaciglio. Modo di dire per ingiuriare il mediano di tre amici: *Sacche, sacchètte e mataràzze, cudde che stà mmènze iè na cape de cazze!* – Sacco, sacchetto e materasso, colui che è nel centro è una testa peniena!

Matrèghe

Matrigna. Der. *Matreghème* – La mia matrigna.

Mazzàte

Botte, colpi, danni.

Mazze

Mazza, magro o sedere (mostrando la forma delle natiche con i pollici e indici di ambo le mani), oppure lavorare molto per conseguire qualcosa di agognato. Es. *Me stògghe a fa nu mazze!* - Esagerazione idiomatica, stò lavorando sodo!

Mbabbuescià

Ipnotizzare o imbambolare.

Mbacce

Lett. in faccia, che si trova di fronte all'interlocutore; es. *Mbacce a ccaste* - Di fronte a casa tua. *Mbacce a megghièreme!* - L'ho intestato a mia moglie.

Mbame / Nvame

Infame; der. *Mbametàte* – Infamità.

Mbarà

V. Imparare, apprendere, istruire. Es. *T'ià mbarà e t'ià pèrde!* - Ti potrei insegnare.

Prov. *Nesciune nassce mbarate!* - Nessuno nasce istruito.

Mbàtte

Infatti.

Mbaurì

V. Impaurire.

Mbazzì

V. Impazzire.

Mbecciàsse

Lett. Impicciarsi; non farsi i propri, deleterio. Es. *Ooooh! Ma ce te uè mbeccià!* – Scusa, ma proprio non riesci a pensare alla tua sanità corporea!

Mbelà / Nfelà

V. Infilare, introdurre, indossare, ficcare.

Mbernà / Nfernà

V. Infornare, porre a cuocere.

Mbernacchiàte

Vestito di tutto punto; es. *A ddò ha da scì tutte mbernacchiàte?* – Ehilà, come sei fashion!

Mbestàte

Impestato, impuzzito.

Mbetàte

Invitato. V. Mbetà.

Mbettà

V. Infettare, contagiare, intossicare.

Mbiàstre

Sei una palla al piede! Impiastro.

Mbite

Invito, convocazione, chiamata.

Mbitte

In petto.

Mbònde

In fondo.

Mbormà

V. Informare, avvisare, riferire.

Mbrattàte

Lett. Sporcato o aggettivo riferito a donne di strada, sin. *Zòcchene*. V. *Mbrattà*. Prov. *Ci tratte, mbratte!* - Chi tratti, t'imbratta; Sarai come coloro con cui esci!

Mbregghià

V. Imbrogliare, aggrovigliare, intrecciare, raggirare.

Mbremmère

Infermiera. Der. *Mbremmìire* – Infermiere.

Mbrèsse

Impresso, stampato o presto.

Mbrestà

V. Prestare, concedere, venire in aiuto.

Mbriàche

Ubriaco, alticcio, brillo.

Mbriìeste

In prestito. Es. *U mbriìeste che me dìste, tu pòrteche crà!* Il prestito che mi hai fatto, te lo porto domani; scusa plateale che si rinnova puntualmente.

Mbroccà

Azzeccare la strada giusta, indovinare un qualcosa

d'importante.

Mbrònde

In fronte o di fronte. Sim. *Mbrònde a ttè!* – Mannaggia a te!

Mbucà

Imbucare anche se non strettamente connesso alle poste.

Mé? / Emmé?

Embè? Ebbene?

Mechelóne

Sciocco; es. Uèèè, Mechelòne!

Mecuà

Marcire; der. *Mecuàte* – Marcito, ammuffito, andato a male.. Es. *U maràng'a mecuàte!* - L'arancio si è deteriorato.

Meddìche

Mollica, rimasugli.

Mègghìie

Meglio, migliore, superiore. Es. *Mègghìie a fàtte nu vestìte!* - Esclamazione verso chi mangia tanto. *Mégghìie nnà che mà!* - Meglio eccedere che lesinare. *O mmègghìie!* – Sul più bello!

Megghiére

Moglie, coniuge.

Meggneuìcchie

Gnocchetti caserecci cucinati specie con pietanze di mare.

Megliòne

Milione. Der. *Megliùne* – Milioni.

Mèle

Mela.

Melùne

Meloni, ma il barese intende dire l'anguria. Es. *La próve se fasce a le melùne!* Lett. La prova si fa alle angurie, tagliandole prima di acquistarle senza così incorrere in fregature.

Menà

V. Menare, buttare, gettare, assestare, picchiare o infilare. Es. *A chedde giù menàbbeche!* – Vedi, a quella lì gli ho apposto il mio timbro! *Menàsse a la cendralìne!* - Persona che ripetendo sempre le stesse cose, disturba. **Menà mbrìscke** - Truffa commerciale consistente nell'ordinare beni o servizi, e non saldare. **Menàte (te la sì)?** - Prendersela, offendersi.

Mène

Meno, dai sbrigati, sii più solerte.

Menduà

Allontanare maleducatamente, scacciare o cestinare.

Mennà

V. Scopare inteso come pulire in terra.

Mènne

Doppia ghiandola pettorale femminile molto apprezzata dal barese, meglio se voluminosa!

Mennèzze

Immondizia.

Menuìcchie

Cavatelli tipici baresi, fatti a mano da massaie baresi D.O.C.

Mènzascólle

Fazzoletto stretto in fronte, atto a guarire miracolosamente dai mal di testa, precursore dell'aspirina!

Mènze

In mezzo, metà, mezzo. Es. *Stà mménze a la grattaróle!* - Avere un ruolo remunerativo in qualche malaffare.

Menzétte

Giacca.

Mèrdangùle

Neonato, dicesi di persona puerile, che si comporta come bimbo o senza dignità.

Mèrde

Escrementi, merda, feci.

Meredà / Meretà

V. Meritare, esser degno.

Merì

V. Morire, trapassare, perire, decedere, venire a mancare, tutto per la felicità della Mistof (nota Azienda di pompe funebri locale).

Meròscke

Alici neonate vendute durante il fermo biologico e da mangiar rigorosamente crude.

Merrògghiìe

Rigonfiamento patologico peri-anale, emorroidi.

Mesàte

Mensilità, stipendio.

Mescuìdde / Mescuìcce

Moscerino, detto d'insetto o di bimbo intraprendente.

Meserà

V. Misurare, soppesare, stimare.

Mestàzze

Baffi, mustacchi, dal latino (mystax).

Mèste / U mèè!

Maestro dotato. Es. *U mèe!* - Detto per richiamare l'attenzione. *Mèste fuéche* - Personaggio bravo a mettersi nei guai.

Mètte

V. Mettere, porre. Es. *Mètte ngattùre* - Porre qualcuno sotto pressione o opprimere qualcuna, mettere con le spalle al muro, ossessionare. *Mètte ngrósce* - Assillare patologicamente qualcuno. *Mètte sòtte* - Prendere come apprendista, domare, porre sotto torchio. *Mèttese sóp'o steppìdde!* - Atteggiarsi a prima donna. *Mètte u quadre a la chiazze!* - Rivelare informazioni segrete. *Mitte o late*! - Mettiti al lato. *Mitte a Cassane!* – Lippi, fai entrare Cassano! *S'a mmisse cappòtte, cappìdde e lalà!* - Dicesi di persona che si veste di tutto punto per andare a passeggio. *Mètte rècchie!* – Ascoltare con interesse!

Mezzàne

Centrale, medio, posto in mezzo.

Mezzecuà

V. Mordere, addentare; es. *U sò mezzecuàte au vrazze!* – Gli ho addentato il braccio!

Mìdece

Medici, dottori, terapeuti, specialisti. Es. *Mò so passàte le Sande Mìdece!* – Sono appena transitati i Santi Medici!

Mìe

Mio; vediamo gli altri aggettivi possessivi:

U mìe – il mio, *la me* – la mia, *le mìe* – i miei o le mie;

U tùe – il tuo, *la tòe* – la tua, *le tùe* – i tuoi, *le tòe* - le tue;

U sùe – il suo, *la sòe* – la sua, *le sùe* – i suoi, *le sòe* – le sue;

U nèste – il nostro, *la nòste* – la nostra, *le nèste* – i nostri, *le nòste* – le nostre;

U vuèste – il vostro, *la vòste* – la vostra, *le vuèste* – i vostri, *le vòste* – le vostre;

U lòre – il loro, *la lòre* – la loro, *le lòre* – i loro, *le lòre* – le loro.

Mìgnue

Mignolo o tappo.

Mìiere (In figura)

Vino.

Minzecùle

Chiedere a qualcuno se conosce "la storia di M.", equivale a mandarlo a quel paese!

Miscke

Mischiare, mescolare, mixare o avanzi di salami vari.

Mitte micce

Metter a cuocere a fuoco lento.

Mmé! / Emmé!

Eddai! Suvvia!

Mò

Ora, adesso, immediatamente. Raff. *Mò mò* – Immediatamente.

Es. *Mò mò a cadùte!* – È caduto poc'anzi!

Mò ci è! / Mò ca ié - In un secondo tempo! Dopo!

Mò mange! - Stiamo freschi! Eh, campa cavallo!

Mò sì tù! - Ed ora sei tu!

Mò te ià disce nu trucche! - Se proprio non riesci a capirlo da solo!

Mò te ià cheteggnà! - Ora ti devo dare mazzate.

Mò te u ià dà iùne! - Adesso ti devo porgere un pugno o schiaffo.

Mò te ià fa l'écchiìe a melangiàne! - Ora faccio gli occhi color melanzana, ti gonfio gli occhi!

Mò me arrevà a ci sò iì e a ci sì tù! - Siamo alla resa dei conti!

Mò me ne vògghe ièrva ièrve! - Procedo con attenzione verso l'esterno.

Mòcche

Lett. in bocca. Prov. Volg. *Mòcche a da fà, e n'gape a dà spelà!* - Difficilmente farò come tu mi dici di fare, e che tu possa alopecizzarti! *Mòcche a tè!* - Mannaggia a tè che combini sempre guai!

Mòòò!

Esclamazione di stupore; es. *Mòòò, e ci è ddo!* - Ma guarda un pò! Oppure, guarda che casino che vi è qui!

Mollètte

Coltello a scatto e molletta per panni.

Mò mange!

Campa cavallo!

Monge

Mungere, munge oppure versar denaro; es. *La monge e la ponge!* – Trattare qualcuno con il bastone e la carota.

Mossìste

Smorfioso, dalle movenze accentuate, molto coreografico nella mimica, pieno di sé.

Mote

Modo, moda o epilessia, detto a causa dei sussulti corporei; spesso si dice a persona visibilmente innervosita per lite.

Motte

Per gioco, non serio, falso. Es. *Cudde iè o motte!* – Non ci si può fidare!

Mudùùù!

Esclamazione di paura o di rabbia. Es. *Mudùù, ce ssì chembenàte!* – Oddio, che hai fatto!

Muèdde

Molle, morbido.

Muèrse / Muèsse

Un pezzo, un po', un assaggio.

Muèrte

Morto, cadavere, salma. Prov. *Vìne dò muèrte e non zà ci iè!* - Superficiale! *U muèrte iè mmuèrte, penzàme a le vive!* - Il morto è morto, ora pensiamo ai vivi; cioè, show must go on! Lo spettacolo deve continuare, non possiamo pensare agli estinti, la vita incalza!

Muèrve / Muèrue

Tipica secrezione verdognola nasale, muco.

Muèzzeche

Morsicatura o morso.

Muìne

Circuire, lecchinare, termine di derivazione catalana (amoìnar).

Munne

Mondo; es. *U munne iè ttrìste!* – Non è facile stare al mondo!

Musce

Moscio, molle, floscio; detto proprio a ciò che stai pensando! Es. *U musce musce* – Personaggio alquanto pacato.

Musse

Muso, mousse, broncio; es. *Appìzze u musse!* – Porta il broncio!

Mute

Indica sia una persona muta, sia l'imbuto usato per travasare un liquido da un contenitore all'altro.

Muzze

Mucchio, misurazione ad occhio o mozzi di nave.

- N -

Na

Una; es. *Na zambe come a cchèsse non la so vviste mà!* – Una provinciale come questa non l'ho mai vista!

Nà!

Tieni, prendi!

Nah! / Ih!

Espressioni di stupore, incredulità o incanto.

Nammerà

V. Innamorare, sedurre, ammaliare.

Nànde / Nànze

Avanti o arrivato prima di altri. Es. *Stà nnanze!* – E' posizionato nell'anteriore!

Nappe

Fiocco; es. *Nappe rose alla porte!* – E' nata una femminuccia!

Na riìse!

Bella quantità, non sarà semplice!

Nassce

V. Nascere.

Nasche

Naso largo, apparato respiratorio dei pesci; es. *Tène la naschètte!* – Ha il nasino grazioso!

Nase

Naso. Es. *Nase de ciù-ciù* - Naso all'insù, ma corto, alla francese.

Natà

V. Nuotare; der. *Natàte* – Nuotata.

Ncaldèsce / Ngaldèsce

V. Riscaldare o riscalda.

Nchiavettà

V. Inchiodare.

Ndenàte

Lett. Donato, regalato, omaggiato.

Ndèrre

Per terra, caduto, cascato.

Ndestà

V. Indurire, irrigidire; verbo che sta molto a cuore agli ometti, agevolati dall'utilizzo di variopinte compresse per performance veramente prestazionali.

Ndère

Intero, tutto, completamente.

Ndevenà

V. Indovinare, pronosticare, predire.

Ndràma longhe

Lett. Interiora lunghe e conseguentemente dicesi di persona molto alta.

Ndrattìine

Intrattenere per non lavorare. V. *Ndrattène.*

Ndreppàte

Incasinato.

Ndrète

All'indietro, dietro, perdere stima o fama.

Ndrevegghià

V. Spaventare, disturbare, accartocciare in genere; es. *Te ìa Ndrevegghià tutte!* – Ti farò accapponare completamente la pelle (anche di piacere)!

Ndùne

In dono, gratis.

Ndùtte

Lett. In tutto, per niente, affatto.

Nè! / Nà!

Tieni! Prendi! Vedi! (porgendo denaro o indicando)

N'écchìe o pèsce e u àld'a la fresóle!

Strabico.

Necèdde

Nocciolina, ciste.

Nemmànghe

Neanche, nemmeno, neppure. Abbreviato comunemente con: *Manghe.*

Nepòte

Nipote; *Nepòteme* – Mio nipote; *Nepòtte* – Tuo nipote.

Nervatùre

Nervoso, irrequietezza, ira. Sim. *Nervùse*.

Nèste

Nostro (vedasi *mìe* per tutti gli altri).

Nestèrze

L'altro ieri.

Nettàte

Nottata, stare svegli l'intera notte.

Nève

Nuovo o neve; Raff. *Nève nève* – Grande scarica di botte! Es. *La megghière ua ffatte nève nève!* – La consorte ne ha fatto un unico ematoma!

Ndeméne

Niente popodimeno che!

Ndò cule!

Volg. Nel deretano, conficcare nelle terga o non pensare possa fare ciò che dici per tè!

Ndramalónghe

Lett. Interiora lunghe; dicesi di persona di altezza elevata o facilone.

Ndrepecuà

Inciampare ridicolmente.

Nervatùre

Nervosismo, il sistema nervoso.

Netàre

Notaio.

Nezià

V. Iniziare, cominciare, avviare.

Nfaduàte

Infatuato, innamorato.

Nfarduàte

Colpito da patologia cardiaca rilevante, infartuato.

Ngandà

Incantare.

Nganne

Inganno o in gola pronunciato come "Guns'n'roses"; raff. *Nganne Nganne* – All'ultimo momento. V. *Ngannà*.

Ngàpe

In testa.

Ngaramà

Impigliarsi o affezionarsi; es. *U luzze sa ngaramàte iìnde alla rèzze!* – Il merluzzo è caduto in rete!

Ngarecànne

Non te ne incaricare, non preoccuparti, non darti pena ci penso io! Es. *Non de sì ngarecànne* - Non è il caso di prenderti responsabilità o impegni.

Ngartà

Lett. Incartare o stringere un rapporto affettuoso con l'altro sesso o incassare finalmente dei soldi.

Ngàse

Caso mai; sin. *Ngasomà.*

Ngattùre

Impegnato, altamente affaccendato.

Ngazzà

V. Incazzare, arrabbiare, incavolare.

Nge

Gli, ci, ce; es. *Nge na ma scì?* – Ce ne andiamo?

Ngegnà

V. Ingegnare, iniziare, incassare la prima vendita.

Nghenglesiòne

Lett. In conclusione, per concludere, in definitiva.

Nghezzà

V. Ingozzare, nutrire, rimpiazzare, saziare.

Prov. *La fatìghe se chiame checòzze e a me non me 'ngozze!*

– Il lavoro si chiama zucca e a me è proprio indigesta!

Nghiàne

V. Salire o sali pure, montare o salire in classifica. V. *Nghianà.*

Nghiavecàte

Persona che sa districarsi.

Nghiemmàte

Pesantezza di stomaco o sordo.

Nghiemmòne

Cattiva digestione, es. *Madòòò! Tenghe nu nghiemmòne sope o stòmeche!* – Ho un peso sullo stomaco!

Ngìle

In cielo, all'altro mondo, in alto.

Nguàcchiìe

Guaio, pasticcio, specie di tipo ginecologico dato da scarsa accortezza contraccettiva.

Nguadrà

V. Inquadrare, incorniciare, o catalogare qualcuno.

Nguèdde

Addosso, a carico di.

Nguèrpe

In corpo, in se, in pancia.

Ngule

Nel deretano ma anche lavorare. Es. *A da fà ngule!* Devi lavorare!

Ninnaò

Ninna nanna per neonati.

Nìrve

Nervo, nervoso.

Nomenàte

Nomea.

Non déne ce ffà!

Privo d'impegni seri, nullafacente, fancazzista, detto ironicamente.

No'nge ngòzze

Non gli và a genio! Prov. *La fadìghe si chiame checòzze e a tè non de ngòzze! -*

Nonònne

La nonna/o; der. *Nonònneme* – Mia nonna/o.

Non zìa mà / Nziamà!

Che non accada mai!

Nòre

Nuora.

Nòve

Nuovo/a, novità, nove. Es. *Iè ffrùssce de scópa nóve! -* Passione iniziale per una cosa nuova, o il priscio delle prime volte.

Ntenziòne

Intenzione, proposito.

Ntòrce

V. Intrecciare.

Nù

Noi, uno. Gli altri articoli indeterminativi sono:

Un, Uno – *nu*

Una – *Na*

Nudde

Niente; es. *Non stòggh'a fà nudde!* – Al momento, sono inoperoso! *Nesciùne dà nudde pe nudde!* - Nessuno è disinteressato!

Nunùnne / Tataranne

Bisnonno, da nonno grande.

Nu muèrse

Un po'!

Nùsce

Noci.

Nùzze

Nocciolo.

Nvamóne o Nvame

Spione, infame e bastardone.

Nzaccà

Lett. Insaccare, ficcar dentro con veemenza, come un ladro con le ruberie nel suo sacco o come in un qualsiasi film di Rocco Siffredi.

Nzemuà

Mettr da parte, risparmiare, accumulare o ammucchiare.

Nzènne

Oniricamente, in sogno.

Nzerràgghie

Serratura arcaica con vistoso chiavistello.

Nzevùse

Sporco (anche riferito a persone).

Nziamà

Non sia mai, che ciò non avvenga.

Nzime

Insieme, congiuntamente.

Nziste

Tipo fashion, alla moda o alla mano, caparbio.

Nzogne / Sugne

Strutto illegale o sugna da cucina.

Nzòmme

Insomma, in conclusione, in definitiva.

Nzulze

Insulso o in salamoia. Sim. *Salamore* – Salamoia.

- O -

O

O oppure al.

O cazze!

Volg. Risposta contrariata, significa "non sono particolarmente contento della tua affermazione!"

Occhiolìne

Occhiolino, ammiccamento trasgressivo per possibile tresca amorosa.

Occorrènde

L'occorrente, il necessario.

Oggne

Ogni, ciascuno, qualunque. Es. *P'oggne ccose te lamìnde!* – Il tuo hobby è il lamentio!

Ògne

Unghia/e.

Omègghiìe

Al migliore, sul meglio, sul più bello.

Òmmene

Uomo, virile esponente del maschil sesso.

Omnibus

Autobus, corriera.

O mòtte

Falso, simulare qualcosa, per scherzo, non seriamente.

Òssere

Le ossa.

Òstreche

Ostrica

Ottenè

V. Ottenere, acquisire, conseguire.

Ouuuu!

Intercalare caratteristico di chi vuole attirare l'attenzione altrui, tipo "Ehi!". Tende ad allungare quanto più urgente è la richiesta.

- P -

Pagà

V. Pagare, rimunerare, stipendiare, retribuire.

Pàgghie

Paglia; der.*Pagghiàre* - Pagliaio o folto cespuglio di capelli.

Pagghiùse

Facilmente irritabile ma innocuo o chiassone.

Pagliatóne

Scarica di botte.

Paisàne

Concittadino.

Palandène

Abbondanza, benessere, felicità, prosperità.

Palàzze

Palazzo.

Pàlde

Tasca.

Pallòne

Pallone, sciocchezze o spararla grossa; pl. *Pallùne*, dim. *Pallìne*.

Palùmme

Piccione. Sin. *Peccióne* - per indicare la zona della felicità femminile e/o la loro presenza nei paraggi.

Palùsce / Paluscène

Polvere, muffa.

Pane a vvìnde

Dote arcaica esercitata in pezzi di pane.

Pane e pemedòre

Lett. Pane e pomodoro, celebre spiaggia libera cittadina dove possibile fare surf ed avvistare anche grossi e simpatici roditori, vedasi "*Zòcchene*".

Panòcchie

Bernoccolo, botte o punizioni prese.

Pànze

Pancia, ventre.

Papà

Papà; es. *La règole de le 3 P: Paghe PaPà!* Paga babbo! Tipico di ragazzi di buona famiglia, viziosissimi.

Papàgne

Sonnolenza irrefrenabile o ritrovato erboristico per addormentarsi.

Papàle papàle

Dicesi di camminata lenta, papale appunto, der. dal greco antico papel papel, un passo dopo l'altro, utilizzato molto da Lino Banfi per significare anche "dirlo in faccia" cioè esser schietto e senza filtri, da uomo a uomo!

Paparùle

Denaro cartaceo, fatto intendere col tipico sfregamento del pollice contro l'indice.

Paperùsse

Peperone o sciocco.

Pappagàdde

Pappagallo.

Paranzèdde

Pesci minuti per frittura mista, tipici i merluzzi (*luzze*), triglie (*trègghiìe*) e totani (*anellìne*).

Parasbùrre

Volg. Mezzo di prevenzione, profilattico.

Parè

V. Sembrare, parer, dare l'impressione.

Parlà

V. Parlare, dire, esprimersi. Es. *Non zì parlànne a ddòppie guste!* - Sii chiaro quando ti esprimi! *Parlà o motte!* – Parlare per gioco! *Parlà sott'a lèngue!* – Brontolare, bofonchiare, borbottare. Prov. *Parle pìcche e parle bbùne!* - Parla poco e come si conviene; cioè non parlare a vanvera!

Paròle

Parola.

Partì

V. Partire, allontanarsi, assentarsi anche mentalmente.

Passà

V. Passare, attraversare, transitare. Es. *Non sì passànne ca stà mbusse!* - Non passare che è bagnato!

Pasce

Pace; der. *Pasciènze* – Pazienza. Sin. di pascere, dove si raddoppia l'iniziale, es. *A ppasce* – A pascere.

Pasòle

Quantità di olio da metter in acqua.

Pàssue

Uvetta passa, sultanina.

Patàne

Patata o dicesi di grosso "pacco" femminile; es. *Mòòò! Ce patàne avà tenè chèdda dà!* – Presumo che quella donna debba avere un voluminoso monte di Venere!

Pàtì / Patescià

V. Patire, soffrire.

Patrùne

Padrone, proprietario aziendale o boss. Femm. *Patròne.*

Pavùre

Paura, timore.

Pèbbete / Pèpete

Peto, flatulenza, aria proveniente dalle terga, notevolmente infiammabile!

Peccenìnne

Bimbo; femm. *Pecenènne.*

Pecchiòcche

Mento pronunciato, scucchia; sin. *Babbìsce.*

Pecciàcche

Volg. Che donna procace!

Pecciùse

Piagnucolone, lagnoso.

Pecòne

Piccone o quartiere Picone.

Pedecchiùse

Lett. Pidocchioso, o spilorcio, avaro.

Pedresìne

Prezzemolo, dal latino petroselinum, o detto di persona che si intromette in ogni discussione o cosa, che è sempre in mezzo.

Pedùcchie

Pidocchio.

Pedùne

Per ognuno, per ciascuno. Es. *Iune a pedùne!* – Uno per ognuno!

Pèghere

Pecora o famosa posizione Kamasutra.

Pegghià

V. Prendere, pigliare, comprare, acciuffare. Con. *Pegghiàbbeche* – Presi. Es. *Pegghià l'àrie de la massarìe!* - Entrare in confidenza con qualcosa o qualcuno. *Pegghià pe ccule* - Raggirare, prendere per il sedere. *Pegghià nu prequéche* - Fare una papera, prendere uno svarione. *Pegghià mménze o scéche* - Prendere in giro. *Pìgghie la ségge e assìdete ndèrre!* - Quando non si sa dove sedersi. *Pegghiàsse la pezzuàte* - Hai pizzicato, ehh?? *Pegghià u abbùse* - Abusare di qualcuno o qualcosa.

Pegghià a iùne – Sposarsi, maritarsi.

Pelmóne

Polmone o tonto.

Pelùse

Peloso, irsuto, villoso. Der. *Pelòse* – Parte anatomica femminile pelosa, non trattasi d'ascella! Prov. *Iòmmene pelùse iòmmene ferzùse!* - Uomo peloso, uomo forzuto; a causa della maggior increzione di ormoni steroidei maschili (testosterone), ma dal solo punto di vista sessuale!

Pelzà

V. Pulire, ripulire, sbancare.

Pemedòre

Pomodoro; pl. *Pemedùre.*

Pendùre

Puntura, iniezione.

Pendùte

Appuntito, acuminato; sin. *Pezzùte.*

Pènne

Penna.

Pennellèsse / Pennìidde

Pennello per pareti.

Penzà

V. Pensare, ragionare, riflettere.

Pèpe

Pepe, spezie, gelosia. Es. *Pépe ngule* - Pepe nel sedere, indica qualcuno che ha o da molta fretta.

Percè

Perché, come mai.

Pèrchie

Piacente rappresentante del sesso femminile. Sup. *Perchiàzze.* Es. *Sòrte de pèrchie!* - Che bella ragazza!

Pèrde

V. Perdere, abbandonare, smarrire.

Pernàcchie

Pernacchia, uomo da nulla.

Pertòne

Portone.

Pertà

V. Portare, portare, condurre, trasportare anche figuratamente. Es. *Pertà ngarrozzèlle* - Continuar a prendersi gioco di qualcuno. *Pertà ngòcchiìe iùne a mmane a mmane!* - Aiutare colui che si dimostra ingenuo. *Pòrteche u llose!* - Avere una cattiva nomea.

Pertùse

Lett. Pertugio, buco stretto o buco della serratura.

Pèse

Peso; pl. *Pìse*.

Pèsce

Peggio, peggiore; es. Iè *Ppesce de mè!* E' peggio di me!

Pèssce

Pesce; der. *Pesciaiùle* - Pescivendolo.

Piscialìitte

Piscialetto, tipo con problemi di enuresi, detto di persona con tratti di immaturità.

Pestòle

Pistola.

Pestrigghìe

Lett. Pasticcio, guaio, imbroglio. V. *Pestregghià*; der. *Pestrigghiùse* – Pasticcione, casinista.

Pète

Piede o pietra; pl. *Pìite*.

Petràse, U cazze ca te trase!

Volg. Risposta a trabocchetto per fancazzisti; alla domanda: "Mò! *Ce puzze de petràse!*". Vi è sempre colui che non sa cosa sia il P. e quindi scatta il raggiro, quando chiederà"*Ce ccose iè u P.*"

Petrezzìdde / Petruzzèlle

Teatro Petruzzelli, riaperto dopo il decennale restauro post-incendio.

Pettenèsse

Pettine o fermaglio.

Pèttue

Pettole, frittelle di pastella a forma sferica, intinte in sale o zucchero o vincotto o miele! Sin. *Popìzze.*

Pezzàte

Straccio.

Pézze a chelóre

Lett. Pezza a colori, scaltro rimedio a una situazione imbarazzante.

Pezzecà

V. Pescare, scoprire, catturare.

Pezzuà

V. Assaggiare, provocare, pizzicare; der. *Pezzuàte* – pizzicata, frecciata velenosa.

Pì!

E poi!

Piacè

V. Piacere, interessare, attirare.

Pìcce

Capriccio infantile e puerile; es. *U peccenìnne! Ha pegghiàte u pìcce!* – (Verso chi si è impuntato, anche ironico) Povero bimbo, ha avuto un capriccio!

Picche

Poco.

Pegghià

V. prendere, afferrare.

Pìle

Peli, pila, pretesto o soldi; raff. *Pìle pìle* – Meticolosamente. Es. *Cùndece le pìle du cule!* - Tenere sott'occhio qualcuno. *Tine le pìle biànghe sope a la scarciòffe!* - Sei vecchio!

Pìnnue

Pillola, compressa.

Piòmbe

Piombo, *"A Piòmbe"* cadere come il piombo della lenza in acqua, *"Stogghe a piòmbe"* esser carenti di qualcosa, specie di denaro. Es. *Piòmbe a ttutte le pale!* - Aver provato, ma ogni soluzione è inidonea.

Pipì

Urina pediatrica, sinonimo del meno fine *"Pesciàte"* o *"Pisciatùre"*. Der. *Pissce* – Urina, oppure *Pissciatùre* – Colui che urina, o persona che non vale nulla.

Pipigàsse

L'accensione elettronica per cucina.

Pìppe

Pipa, pippe non identificabili con le donne di Pippo!

Pizze de munne

Lontanissimo, molto distante da qui.

Po'

Poi, dopo, in seguito.

Pondìne

Chiodo/i.

Pònge

V. Pungere, stuzzicare.

Pòpizze

Frittelle. Sin. *Pèttue*.

Porcarì / Percuarì

Porcheria, fati schifosi.

Pòrte

Porta, ingresso, accesso, passaggio. Es. *Na pòrte s'achiùte e ccìinde se iàbbrene!* Una porta si chiude e cento se ne aprono; non demordere, abbi costanza ed i risultati arriveranno.

Precuà

V. Coprire o Seppellire, inumare.

Precuèche

Percoco o errore, papera o gaffe.

Predìte / Peredìte

Prurito, desiderio, pulsione irrefrenabile.

Prefessòre

Professore, insegnante o spavaldo. Sin. *Saccetùtte.*

Preffìne

Perfino, persino.

Prefùnne

Profondo.

Pregà

V. Pregare, invocare, implorare.

Preguamuèrte / Pricuamuèrte

Lett. Prega morti, becchino.

Prequàte

Sepolto, seppelito.

Prevà

V. Provare, esaminare, testare.

Prevelòne

Provolone o uomo sciocco.

Prèvete

Prete, clericale, prelato. Pl. *Prìvete.*

Prisce

Divertimento, gioia, piacere, diletto, svago, quel tocco in più che ti fà apprezzare la vita, di cui il barese è sempre alla costante ricerca! Der. *Presciùse / De prisce* – Persona di compagnia, chi ha voglia di fare, intraprendente.

Prime

Primo; discerniamo ora gli altri aggettivi numerali ordinali, che sono:

Secondo - *Secònne*, Terzo – *Tèrze*, Quarto – *Quàrte*, Quinto – *Quìnde*, Sesto – *Sèste,* Settimo – *Sètteme*, Ottavo – *Ottàve*, Nono – *None* e Decimo – *Dèceme.*

Prìse

Orinatoio, vaso da notte o soggetto con limitazioni estetiche.

Pròbbiìe / Pròbiìe

Proprio; es. *Iè pròbbie acchesì!* - E' proprio così come lo vedi!

Pròtere

V. Prudere; con. *Pròte* – Prude.

P'u

Per il; es. *P'u pèl du cule!* – C'è mancato un soffio!

Puèrche!

Uomo in genere ... o anche maiale! Pl. *Purce.* Es. *Sì ppròbbie nu puèrche!* - Sei proprio un maiale!

Pùgghie / Pùgglie

Puglia.

Pulparùle

Colui che *"arrìzze"* il polpo sulla battigia, arricciature di polpi.

Pulpe

Polpo; der. *Pulperìzze* - Polpo già arricciato, pronto alla degustazione rigorosamente crudo (se fresco). Es. *La mòrte d'u pulpe, ié la cepòdde!* - Il polpo lega benissimo con la cipolla.

Pùpe

Pupo, benfatto; es. *Pùpe de zzùcchere* – Lett. Pupo di zucchero, Bomboniera d'altri tempi.

Purte

Porto sia marittimo che inteso come l'atto d'ordinare di portare un qualcosa.

Puttàne / Pettàne

Volg. No comment.

- Q -

Quaccùne / Quacchèiune

Qualcuno.

Quàdre

Quadro, punto della situazione; es. *Cusse iè u quàddre / ...u filme!* – Questo è il contesto, la situazione! *Quàdre gnore* – Tragicizzazione della situazione.

Quagghìiè

V. Quagliare, concludere, arrivare alla realizzazione.

Quànde

Quanto; es. *Quande vuè?* – Quanto vuoi?

Quànne

Quando; es. *A quann'a ma scì!* – Quando andiamo!

Quàndre

Pitale o grosso catino, per disparati utilizzi.

Quaquìgghìie

Pozzanghera, acquitrino, posto con liquidi nauseabondi o sterco. In senso lato assume significato di gran casino combinato da persona pasticciona e disordinata.

Quarandòtte

Lett. Il quarantotto, cioè sfuriata, casino totale.

Quàrte

Al maschile, sta' per sia la parte d'avanti d'animali (*U quàrte de nnande*) o di dietro (*U quàrte de drète*). Es. *So l'ùnnece manghe nu quàrte* - Sono le undici meno un quarto.

Al femminile, sta' per 250 Gr., es. *Nu quàrte de ppane* – Un quarto di pane, o l'apprezzatissima misura di reggiseno femminile.

Quàtte facce

Lett. Quattro facce, dicesi di abile mentitore, voltabandiera.

Quattècchìe

Lett. Quattr'occhi, portatore di lenti per miopi.

Quàtte quàtte

Raff. Di quatto, di nascosto, in silenzio, a tradimento.

Quènze

Lenza da pesca.

Quèste

Al lato, fianco, al posto, salvadanaio, risparmi.

Quètte / Cuètte

Vincotto.

Quìcce

Cocci di mare, chiacchera; es. *Fà quìcce che le chembàgne!* – Far chiacchiere con gli amici!

Quigghericchì

La parte terminale del filone (Baguette barese).

Rabbiùse

Arrabbiato, adirato.

Racchemannà

V. Raccomandare, consigliare, affidare.

Raccògghiìe

Raccogliere

Raciùppe

Piccolo grappolo d'uva.

Rafanìdde

Ravanello o stupidotto.

Ragge

Raggio di luce o di ruota di ciclo in genere.

Raggnùse o rattìgne o rattùse

Colui il quale trae piacere nel guardare o nell'immaginare, voyeur.

Ragù

Sugo di carne generico ma soprattutto identifica quello domenicale fatto con le brasciòle.

Rallendà

V. Rallentare, frenare, decelerare.

Ràppe

Rughe del volto.

Rascìone

Ragione; es. *Iàve rascìòne!* – Ha ragione!

Rasckàte

Raschiata, graffiata o scopata brutale. V. *Rasckà*. Der. *A rràscke / A rrate* – pagamento dilazionato.

Rattìgne / Rattùse

Perennemente arrapato.

Rebbà

V. Rubare, sottrarre, rapinare, trafugare.

Rècchìie

Orecchie, omosessuale; Sin. *Recchiòne.*

Es. *Rècchìie a ppanne* - Ha le orecchie molto pronunciate, alla Dumbo.

Recchìne

Orecchini; es. *Spille e recchìine* - Dicesi di signora molto agghindata con gioielli.

Recève

V. Ricevere, accogliere, ritirare, ospitare.

Recòrre

V. Ricorrere, rivolgere. Es. *So vvenùte a recòrre a vvu!* – Ho chiesto la sua intercessione! (Detto a boss).

Recòtte

Ricotta, illecito. Der. *Recòtte asckuànde* - Ricotta forte e salata dall'odore di piede in putrefazione. Es. *Fà la recòtte -*

Commettere un illecito finanziario.

Recreià

Lett. Ricrearsi, giovare di qualcosa, sentirsi meglio.

Reduìne o Sckàffe a l'ammèrse

Schiaffo con il dorso della mano.

Redùsce

V. Ridurre, diminuire, moderare.

Reffiàne

Ruffiano, delatore.

Refùsce

Rifugio, riparo.

Regghiètte

Orlo del panzerotto, spesso chiuso con la compressione delle dita o con archibugio moderno detto "taglia e cuce". Es. *O calzengìidde ce no nge fasce nu bbùne regghìette, ièsse tutte da ffore!*Al panzerotto se non fai un buon orlo, ne fuoriesce il contenuto!

Remàne

V. Rimanere, perdurare, permanere, trattenersi, fermarsi.

Rembàcce

Rinfaccio; v. *Rembaccià.*

Rembenì

V. Rinvenire.

Rembrevà

V. Rimproverare, sgridare; der. *Rembròtte* – Rimbrotto, rimprovero.

Remasùgghiìe

Rimasuglio, rimanenza.

Remmàte

Immondizia, letame o detto di persona poco gradevole. Es. *Sciàme a scettà u remmàte!* - Andiamo a buttare l'immondizia. *Uè remmàte!* - Ehi rimmato, ossia rifiuto! Insulto.

Remmòdde

Qualcosa che conferisce debolezza o lentezza.

Remmòre

Rumore, botta, frastuono.

Renfresckà

V. Rinfrescare, raffreddare, mitigare.

Rengrazzìa

V. Ringraziare, esprimere gratitudine e riconoscenza.

Renzèle

Lenzuolo; es. *Addò stònne le zippe pe le renzéle?* - Dove sono le mollette per stendere le lenzuola?

Resàrie

Rosario, usato prevalentemente dalle bizzoche.

Rèsce

V. Reggere, sopportare.

Rescòte

V. Riscuotere, percepire lo stipendio, buscare.

Resecuàte

Ridotto all'essenziale, rosicchiato, rosicato, guadagno striminzito; V. *Resecuà.*

Reteràte

Ritirata, accorciata o vespasiano.

Retrà

V. Rientrare, ritirare, tornare.

Reuìne

Rovina, disastro.

Reveldà

V. Rivoltare, capovolgere.

Revìste

Perquisire. Es. *Revìste (fà la)* - Controllare, indagare, perquisire.

Rèzze

Rete, riccioluta.

Rezzétte

Ricetta in genere, alimentare o medica che sia.

Rezzuà

V. Rotolare.

Rezzulàne

Rozzo, grezzo, bifolco, sciatto, sporco e povero.

Ricottàre

Imprenditore del malaffare ma non caseario, colui che fa la "recòtte".

Rìde

V. Ridere, divertirsi (uno dei miei più apprezzati). Es. *Te rìdene le sinze?* - Lett. Ti ridono i sensi? Si dice a qualcuno che ride senza alcun motivo.

Rìghene

Origano.

Rizze

Riccio di mare di cui i baresi son molto ghiotti ed ingordi, oppure ricciolo di capelli o spinoso. Prov. *Iè vacànde u rizze!* – L'affare puzza, o quell'uomo è inconcludente!

Robbe

Roba, indumenti, detto anche di sostanze stupefacenti illegali. Es. *Sì pertàte la rrobbe!* – Hai portato la dose!

Rògne

Rogne, gatta da pelare, malattia parassitaria canina.

Rombè

V. Rompere, fracassare, spaccare, sfasciare, infrangere.

Rosemarìne

Rosmarino.

Ròte

Ruota.

Rùche / Rùte

Rucola.

Rucche rucche

Sfruttatore, approfittatore, aguzzino ma soprattutto ruffiano.

Rùsse

Color rosso; der. **Ròsse** – Rosse. Es. *La ram'a ròsse* - Lett. Il rame; gli attuali spiccioli, gli odiati centesimi di Euro dall'omologo colore.

Rutte n-gùle

Volg. Rotto posteriormente, detto dispregiativo di qualcuno.

Rùzzene

Ruggine, ossidazione.

Ruzzuà

Lett. Rotolare, o frugare furtivamente.

- S -

Sàcce! / Sìcce!

Ma guarda un pò! Lo so! Ma guarda un po'! Es. *Ce sàcce!* Che ne so!

Sacche

Sacco, un sacco di, molto, tanto, assai, saccoccia, tasca.

Saiètte

Saetta, fulmine o malaugurio. V. *Saittà.*

Salassà

V. Salassare, vendere a prezzi esosi.

Salatìdde

Gruppo di persone che denudano un malcapitato, forzatamente per scherzo.

Sale

Sale.

Salesscìnne

Lett. Saliscendi, ascensore o fermo usato una volta all'apertura delle porte, masturbazione maschile. Sin. *Tremòne.*

Saletà

V. Salutare.

Salì

V. Salire, innalzarsi, elevarsi.

Salìpece

Piccolo invertebrato marino da scoglio simile a gamberetto, utile per pescare.

Salvìètte

Tovagliolo.

Salzìzze

Salsiccia d'animale ed "umana", detto di persona robusta fisicamente.

Sambrangìsche

Famosa spiaggia di "San Francesco" sita nelle vicinanze della Fiera.

Sandandònniìe

Sant'Antonio o caricata di botte.

Sandemìdece

Santi Cosma e Damiano oppure coppia di Carabinieri in giro di ronda.

Sangiuannìdde

Condimento per pasta della vigilia formato da aglio, olio, poco pomodoro, pepe e aromi.

Sane

Sano; raff. *Sane sane* – completamente.

Sanghe

Sangue, prezioso liquido organico di cui siamo sempre carenti a causa della migliorabile solidarietà dei miei concittadini (personalmente sono donatore da anni).

Sanguètte

Curioso appellativo per attributo maschile del neonato, sanguisuga o persona petulante.

Sapè

Verbo sapere; coniugazione dell'indicativo presente:

Iì sàcce / sàcceche, tu sa, iìdde sape, nù sapìme, vu sapìte, lore sàpene. Es. *Non zapé fa la "o" cu becchìire!* - Non saper fare la "o" col bicchiere, incapace, inesperto. Prov. *Ce sape fàsce, ce non sape ambàre!* - Chi sa fa, chi non sa insegna!

Savenùcce / Savinùcce

Savinuccio, eroe contemporaneo che si è battuto contro la disoccupazione nel quartiere Japigia.

Sazzià

V. Saziare, soddisfare, sfamare.

Sbafà

V. Sbafare, mangiare a spese altrui.

Sbatte

V. Sbattere, percuotere, colpire.

Sbiangàte

Sbiancato, impallidito, scolorito.

Sblènne

V. Risplendere, splende.

Sbracà

V. Sbracare, confessare.

Sbregghià

V. Sbrogliare, sciogliere, districare.

Scabbuà

Disimpegnarsi dal lavoro e andare via.

Scacazzà

Schiacciare o pestare qualcosa di inusuale; es. *Sì scacazzàte u marròne!* – Hai pestato una sostanza marrone sul marciapiede, d'indefinita provenienza!

Scadè

V. Scadere, decadere, deteriorarsi.

Scaffuà / Schefuà

V. Crollare, abbattere, demolire.

Scàgghie

Scaglia, squama.

Scalzacàne

Ridotto male, accattone.

Scambà

Scampare a pericolo, ha smesso di piovere, scansare qualcosa.

Scamòrze

Specie di formaggio fresco annodato con cappio, a forma di palla ovale.

Scangià

V. Scambiare, cambiare.

Scannà

V. Scannare.

Scanzà

V. Evitare, scansare, eludere, impedire.

Scappà

V. Scappare, evadere, sgattaiolare, fuggire, non riuscire a trattenere.

Scarcédde

Dolcetto pasquale tipico.

Scarciòffe

Carciofo. Es. *Facìme la fine de le scarciòffe!* - I quali vengono tagliati e fritti. Facciamo attenzione a non fare una brutta fine!

Scarfalìtte

Ferro da stiro a carbone (barese arcaico) in realtà è lo scaldino a carbone con cui si riscaldavano le lenzuola d'inverno.

Scariolétte

Autoveicolo trasandato e lento.

Scarnescià

V. Scarnificare, spolpare, raschiare profondamente.

Scartà

V. Scartare, eliminare, gettare, dribblare.

Scartabellà

V. Abradere, raschiare con carta abrasiva per poi dipingere pareti.

Scartelòffe

Dicesi di persona che vale zero.

Scartùcce

Cono dove poggia il gelato.

Scarvettà.

V. Ricercare, ispezionare.

Scasciàte

Sfasciato.

Scasè

V. Sloggiare, traslocare.

Scazzapète.

Macchina livellatrice del manto stradale.

Scazzecappetìte

Antipasto.

Scecuà

V. Giocare, svagarsi, divertirsi. Der. *Scèche* – Gioco.

Scemarrédde

Piccolo piccone usato in carpenteria.

Scème

Scemo, cretino, facilone.

Scèmenì

Rincoglionire, es. Stogghe a scemenì! - Stò perdendo colpi!

Scemènze

Cosa stupida, di poco conto, sciocchezza.

Scènne

V. Scendere, venire giù.

Scenùcchie

Ginocchio; pl. *Scenocchiìe.*

Sceppà

V. Scippare, nobile arte dell'alleggerire gli altri della borsa, perfezionata dall'utilizzo di scooter.

Scernàte

Giornata, un giorno, in giornata.

Sceròcche

Vento caldo africano che spesso lambisce le nostre coste; es. *Ié sceròcche!* - Giornate in cui le papere non mancano, oppure momento in cui non bastano le energie per affrontare una situazione.

Sceruècchie

Dolcetti vari o sciocchezzuole.

Scettà

V. Buttare, disfare, lanciare. Es. *Scitte u sanghe da nganne!*

- Che ti venga un colpo. *Scettàme a mmàre!* - Facciamo come se non fosse accaduto niente!

Scettùscene

La tartaruga, testuggine.

Sceuè

Poco importante; raff. *Sceuè sceuè!* – Così come viene! Di poco conto!

Schecchiàte!

Scocchiato, disgiunto, confusionario, disunito o scollegato, si usa per dire "Tu sei fuori!", oppure usato in discorso dal senso incompiuto o molto astratto. V. *Schecchià.*

Scheduà

Scuotere, agitare; der. *Scheduate* – Rimprovero solenne.

Schefeltùse

Lett. Schizzinoso, colui che schifa tutto, molto esigente.

Schefùse, nzevùse, nzalanàte

Sporcaccione.

Schegnà

Perdere o far perdere denti, imparare la lezione; es. *Ava schegnà!* – Perderà ed imparerà! Der. *Schegnàte* – Sdentato, bisognevole di protesi.

Schembarì

V. Scomparire, per brutta figura in pubblico o protezione pentiti.

Schembenà

Scombinare un patto precostituito, tipico del fidanzamento.

Schemmedènze / sconvedènze

Sconfidenza, sfiducia, esser depressi o senza voglia di divertirsi a seguito di un evento.

Schemmòneche / Schemmògghie

Iella, sventura, scalogna, malaugurio.

Schendà

V. Scontare, diminuire, scomputare.

Schenecchià

Traballare, venir meno sulle gambe e rovinare per terra goffamente a causa del peso, stanchezza o ubriacatura.

Schenzàte

Insipido, senza sapore, scondito o chi parla a sproposito.

Schenzuàte

Sconsolato.

Schepétte

Spazzola; v. *Schepettà*.

Scheppétte

Lett. Schioppettata, fucile.

Scheprì

V. Scoprire.

Scherdà

V. Scordare, dimenticare.

Scherèsce

Scurisce, imbrunisce.

Schernacchiàte / Scurnecchiàte

Cornuto nel senso di sfrontato, impertinente.

Scherzètte

Bistecche di carne sen'osso.

Scherzóne

Biscia, serpente non velenoso, oppure inguaribile tirchio.

Scherzuà

V. Sbucciare, rimuover la scorza o togliersi una crosta corporea (*Scherzèdde*) da rimarginazione di piccola ferita.

Schesì

V. Scucire o riuscire a defraudare; der. *Schesetùre* – Scucitura.

Schetegnà

Usare violenza su qualcuno, vincendo facilmente.

Schiavettà

V. Schiodare, sbullettare.

Schiavétte

La coperta.

Scì

V. Andare, andò o sci (sport). Es. *Scì a na róte* - Impennare. *Scì mbònde* - Andare a fondo. *Scì de fodde* - Avere fretta di fare qualcosa. *Sciamanìnne, sciàme!* - È' ora di andare, oppure di rimboccarsi le maniche! Prov. *Acquànne tu scìve, iì già venéve!* - Tu ti vanti ora ma io ho già avuto modo di sperimentarlo tempo addietro. *Scì de cape* – Andar fuori di testa. *Scì mure mure* – Andare col sedere contro il muro, a causa di omosessuali in camera. *Scì sotte sotte* – andare con attenzione, con fare guardingo, oppure lungo il perimetro quando in terra è bagnato.

Sciacquétte

Di poco conto, persona insignificante o piccolo buffet.

Scialacquòne

Sciupone, dissipatore, sprecone; sin. *Strusciabbène,* lett. Colui che spende i beni accumulati faticosamente da altri..

Scialappà

Tartagliare, incappare o sbavare.

Scìale

Far la bella vita mostrandola con spavalderia; v. *Scialà.*

Sciangàte

Claudicante, zoppo specie da gambizzazione post regolamento di conti. Es. *Ué, sciangàte!* - Ehi, tu che zoppichi!

Sciarabbàlle

Carrozza trainata da un cavallo.

Sciccarì

Lett. Scaccheria, cosa veramente di buon gusto.

Scièche

Gioco o scherzo. V. *Sciecuà.*

Scìndre o scìnnere

Genero, ossia il marito della propria figlia. Der. *Scìneme –* Mio genero, *Scìnete –* Tuo genero.

Scitte

Lett. Di getto, ossia vomito; es. *Scitte u ssanghe!* - Mannaggia, maledizione o maledetto. V. *Scettà –* Buttare, lanciare; es. *S'avà scettà da la fenèstre! –* Si scaglierà dalla finestra!

Sciùa ssciuè

Prodotto di poco conto; es. *So ccose ssciùa ssciuè! –* Son cose di poco valore!

Sckaffàte

Schiaffati, conficcati, spinti dentro. V. *Sckaffà.*

Sckamà

Urlare prettamente animalesco, dal dolore o detto di gemito di piacere da donna in "attività". Es. *La so fatte sckamà pe dùe iòre! –* Le ho tenuto banco per due ore!

La vénde st'a sckàme! - Ho appetito.

Sckandà

V. Spaventare. Der. *Sckande -* Spavento, *Sckandùse –* Spaventato, agitato.

Sckattà

V. Scoppiare, rompere, introdurre violentemente. Es. *Sckattà le pemedùre.* - Pensiero fisso dei maschietti. *Te ià sckattà la malàndre!* - Penetrazione profonda fino alle interiora.

Sckàddue / Sckàtue

Scatola, contenitore.

Sckefà

V. Schifare, disprezzare, disdegnare.

Sckàffe

Schiaffo, manata in faccia.

Sckande

Spavento, paura, timore, terrore.

Sckemà

V. Schiumare, sbavare, lasciare scia. Es. *Quanne te pigghìe a sckemà u cetròne?* Quanto vuoi per sollazzarmi?

Sckène

Schiena, spalla. Es. *Stà che la sckéne apèrte!* - Atteggiamento di allerta o apprensione per situazioni di pericolo.

Sckesceuènde

Sporcacciona, lurida, zozza; insulto molto pesante da rivolgersi a una donna. Per massimizzare l'offesa

Scketà

V. Sputare, scatarrare, espettorare. Nobile arte dello sputo mirato! Der. *Scketàzze / Sckute / Scketùre.* Sputo lanciato a mò di lama delle Ande, di diverse colorazioni e forme.

Sckife

Schifo, schifoso; es. *Fasce sckife!* – Fai schifo!

Sckume

Schiuma, Sim. novellare (*Sckume de mare*).

Scioffère

Conduttore a nolo, derivato dalla dominazione oltralpe della nostra terra.

Sciólde

La diarrea.

Sciònge

V. Aggiungere.

Scippà

V. Scippare, nobilissima arte, tutta barese, del privare una donna della propria borsetta con scatto da centometrista e fuga in scooter. **Es.** *Ammìnete a ffà le scìppe!* Persona inconcludente e fannullona che cerca sempre prestiti, che scippando almeno imparerebbe qualcosa.

Scerà

V. Sposare.

Scòffue / Scafuèsce

Crollare, venir meno; v. *Scaffuà.*

Scole

Scuola, scolo, sgocciolamento o affetto da scolo (Gonorrea); es. *Tène u scole!* – Ha la gonorrea!

Scòmete

Scomodo, incomodo o fastidio.

Sconge

Lett. Sconcio/a, indecente.

Scòrze

Pelle o buccia. Es. *Scòrze e tutte!* - completamente, senza lasciare nulla! *Scòrze de prevelóne o scherzóne* - Tirchio, avaro.

Scòsce

V. Scuocere.

Scòte

V. Scuotere.

Scrèsce

Imbrunisce, il sole scende all'orizzonte.

Scrìve

V. Scrivere, redigere, stilare.

Scuàte o schianàte

Piallata, spianata, detto di donna scarica a tette o senza sedere, senza fortuna. Dicesi: "*Ha passàte San Geséppe cu chianìdde (o chianùzze)*" o "*A passàte S.Gesèppe che la piallatrìsce*" – E' passato San Giuseppe, falegname, ed ha usato uno dei suoi strumenti sul petto di quella donna! V. *Scuà* - Scolare, asciugare o dimagrire.

Sdevacàte / svacàte

Vuotato o depredato.

Sdremmàte

Strappata, non più in asse a causa di usura o artrosi. Es. *Ié ttutte sdremmàte*- Si riferisce a oggetto o persona storta a causa di lesione.

Sdrèuse

Dejavù, anomalia, che non si riesce a comprendere, che non si capisce come faccia.

Sdududùmme

Brutto ceffone in faccia. Sin. *Sdumme, suàtte, cinghe, lissce e bbusse, reduìne, cheppìne* - Ceffone in molteplici altre diciture.

Seccà

V. Seccare, esiccare. Es. *T'ià disce na cose ca te ià fa seccà le canarìle!* - Ti rivelerò un segreto che ti farà rimanere esterrefatto.

Seccète

V. Succedere, succede.

Sècche

Sete, arsura o secca; es. *Tènghe nà sècche!* - Ho una incredibile voglia di abbeverarmi!

Se créte!

Crede di essere fashion! Montato, permaloso e presuntuoso.

Seffrì

V. Soffrire, dolersi, penare.

Sègge

Sedia.

Seggnerì

Sua Signoria Eminentissima, lei!

Seggnòre

Signora, Signore; pl. *Seggnùre.*

Seldàte

Milite, soldato.

Semà

Fiutare tipico del cane oppure intuire; es. *Sò semàte la via drètte!* – Ho capito quale fosse la strada giusta!

Semàne

Settimana, dal francese semaine (pron. seméne).

Sèmbe / Sèmme

Sempre, continuamente, senza sosta.

Semmà

Casomai, semmai, eventualmente, qualora.

Senà

V. Suonare o picchiare sonoramente.

Senàle

Grembiule da cucina o da fabbrica.

Sendì

V. Sentire, ascoltare, udire.

Sènne

Sonno o sogno; v. *Sennà.*

Senò?

Altrimenti?

Seppellì

V. Seppellire, sotterrare, inumare.

Seppùnde

Tacca, oggetto atto a compensare eventuali dislivelli di mobili.

Sequà

V. Succhiare; der. *Sequate* – aspirato o asciugato. Sin. Volg. *Serchià* – Succhiare, eehhhmm! Avete capito no! Oppure "tirare su" il muco nasale.

Sèrchie

Ragadi, fissurazione patologica dello sfintere anale.

Serràgghie

Serratura.

Servì

V. Servire, sottostare, dipendere.

Sète

Seta o melagranata; es. *Pìgghie nà sète!* – Prendi una melagranata!

Settàne

Sottana, gonna o locale al pianterreno.

Sevùne

Cicorielle selvatiche.

Sfà

V. Disfare, smontare, scomporre, dividere.

Sfaccìme

Contrariamente al partenopeo, indica una persona furba, coraggiosa ma più diffusamente adoperato per indicare un qualcosa di grande, voluminoso, titanico o particolare. Es. *Mòòò, sfaccìme de nave!* – Che nave! *Sfaccìme de case ca tìne!* - Che casa grande che hai!

Sfasulàte

Senza soldi, probabilmente persi per i vizi.

Sfàtte

Rotto, disfatto, smontato, usurato.

Sfazziòne

Soddisfazione, trattare con riguardo.

Sfelàte

Sfilato o sfilata, cerimonia. V. *Sfelà.*

Sfennàte

Sfondato, detto di donna violata frequentemente.

Sfescì

V. Sfuggire, scappare.

Sfotte

Sfottere, rompere le gonadi.

Sfraganà

Picchiare violentemente.

Sfrùsce / Frùsce (Scie a - andare a)

Reazione colica nucleare, diarrea.

Sfuà

V. Sfogare o sturare.

Sfùscia vasche o Sfòlgia vasche

Stura lavandino, ventosa.

Sgaggliòzze

Caratteristici quadratini di polenta fritta in olio di risulta.

Sgamà

Scoprire la verità, colto in flagranza di reato.

Sgamùffe

La cresta sulla spesa.

Sgarrà

V. Sgarrare, tradire la propria cosca e quindi in attesa di regolamento di conti.

Sghìne

Tipo esile, da famoso ladro d'appartamento capace di effrazioni da circo! Es. *U sghìne.*

Sgòbbe

Imbroglietto da quattro soldi.

Sgommàte

Sgommata, caratteristica striscia di color beige/marrone sita posteriormente alla mutanda.

Sgravà

Parto d'animale o Parto umano nell'infamia.

Sguìnge

Tipico gioco dei ragazzi di derivazione medievale, di traverso.

Sìcchie

Secchio.

Sìme

Semi o siamo; es. *Sìme le mègghiìe du condenènde e ce ballàme stà tarandèlle!* Siamo i migliori del continente e ci balliamo questa tarantella!

Sìnde

Senti. Es. *Ma ci te la stà ssinde?* - Ti stai dando delle arie?

Sìndeche / Sìnneche

Primo cittadino, Sindaco.

Sine e nnòne

Si e no.

Sìre

Avo.

Sive e scherzìne

Accumulo cutaneo di sporcizia, o rigo nero nelle vasche da bagno dopo l'utilizzo.

Smammà

Smammare, lasciare forzosamente un luogo, liberare.

Smargiàsse

Sbruffone.

Smezzà

V. Smezzare, dividere le carte per mischiarle.

Smirce / Smìcce

Ipovedente, miope.

Sopapàsse

Andatura frettolosa, accelerata.

Sopattàcche

Sopratacco, rivestimento di gomma o cuoio per riparare le scarpe.

Sope

Al di sopra, su, sopra.

Sòrte

Lett. Sorta, che razza di; es. volg. *"Sòrte de ciòlone!"*,

"*Sòrte de pèrchie*".

Sore

Sorella; der. *Sosòre* - Mia sorella, *Sorde / Sòrede* – Tua sorella.

Sote

Arc. Tranquillo, vocabolo in disuso.

Sottalèngue

Brusio, parole dette con circospezione per timore che siano ascoltate da orecchie indiscrete.

Sotte

Posto al di sotto, in basso, oppure non avere il possesso di se stessi; es. *Cudde stà sotte!* – Quello ha problemi che gli inducono un alterazione del sensorio, ha seri problemi comportamentali!

Spaccà

V. Spaccare, rompere, spezzare, dividere.

Spaccàzze

Spacco, fenditura, taglio; tutto riporta all'inevitabile indicazione della zona pubica femminile.

Spambanàte

Sformata, deteriorata, ormai sfiorita, navigata.

Spànne

V. Stendere ad asciugare; prov. *Addò a ma scì a spanne le rrobbe?* - Dove andremo, che fine faremo?

Sparà

V. Sparare, fare fuoco, far partire un colpo...e non solo!

Sparatrappe

Cerotto o strisce adesive tipo medicali, parola derivata dallo spagnolo esparadrapo o dal francese sparadrap o dal catalano esparadrap.

Sparaggnà

V. Risparmiare, economizzare, esser parsimoniosi. Der. dal francese épargne. Es. *U sparàggne iè mèzze guadàgne!* – Il risparmio è un mezzo guadagno!

Sparamenbìtte

Lett. Sparami in petto, atteggiamento di colui che offre il petto per esser sparato;

impettito o presuntuoso.

Sparàte

Sparato, o di corsa.

Sparatràcche

Adesivo.

Sparnazzà

V. Disseminare, propagare; sin. *Sparpagghià.*

Spartì

V. Spartire, dividere, ripartire.

Spàse / Spàsarole

Tegame basso, largo e rettangolare per infornare.

Spasemà

Spasimare, bramare, desiderare.

Spasse

Perditempo o passeggio; es. *Fràteme stà a la spasse!* – Mio fratello è disoccupato, è un nullafacente!

Spàte

Spada o endovena di eroina.

Specchiettà

Lett. Specchiettare, cioè guardare o infastidire con gli specchietti, spiare, arte del voyeur, guardone.

Speccià

V. Sbrigare, concludere.

Specùdde

Spicchio in genere.

Spedecchià

Lett. Spidocchiare, ora pettinare; der. *Spèdeche* – Pettine, da cui *Spèdecatrisce* - parrucchiera.

Spedì

V. Spedire, inviare, destinare.

Spegghià

V. Spogliare, denudare, svestire, derubare tutto.

Spèggie

Specialmente.

Spènge

V. Spingere.

Spelàte

Calvo o inaridito.

Spelpà

V. Spolpare.

Spendróne

Protuberanza spesso acuminata.

Spengetùre

Qualcosa di poco, usato per salumi, formaggi e affini.

Spesà

V. Sposare, coniugare.

Spetàle

Ospedale, clinica. Prov. *Da u spetàle ué la salùte?* - Dall'ospedale vuoi la salute? Interrogativa usata per far capire che non è possibile accontentare una richiesta da chi sta peggio!

Spezzecà

V. Staccare.

Spezzuà

V. Piluccare, sbocconcellare o prendere in giro qualcuno.

Spidighìne

Persona magra e veloce nei movimenti, abile scippatore.

Spillacicì

Persona con capigliatura tendente alla calvizie.

Spìrede

Alcool per liquori nostrani tipo limoncello o al cioccolato

Spizzecameddìche

A poco a poco, poco per volta.

Spìzzie

Ospizio.

Sporcamùsse

Tipico dolcetto di fine pranzo, servito caldo farcito di crema o nutella e ricoperto di zucchero a velo.

Sprèmalemòne

Lett. Spemi limone, spremi agrumi in genere.

Spresedùte

Sciapito, senza *"Prisce"*, senza voglia di divertirsi.

Sprolònghe

Sperlunga, contenitore ovale per portate.

Spùnde

Angolo in fondo alla strada o isolato.

Squagghiasóle

Lett. Colui che si scioglie sotto il sole, fannullone.

Sputtanà

V. Sputtanare, divulgare, pubblicizzare.

Squarcià

V. Squarciare, strappare, lacerare. Es. *Te ià squarcià!* - Ti devo rompere, aprire, detto da tipo particolarmente arrapato.

Sragionà

V. Sragionare, farneticare, delirare.

Srèche

Suocero. *La Sròche* – Suocera.

Stà

Verbo stare; coniugazione dell'indicativo presente: *Iì stogghe/stòche, tu stà, iìdde stà, nù stàme, vu state, lore stonne.* Der. *Stà a la spasse* – disoccupato.

Stà accepenate – E' malconcio!

Stà apparolate – E' già in accordo!

Stà bbrutte – E' grave!

Stà cuettè – E' cotto, stanco morto.

Stà ggnore – E' infuriato!

Da non confondere con la atona, *Sta* – Questa.

Stàcciue

Pietra piatta, o persona contraddistinta da immobilismo e pacatezza.

Stàddue

Statua.

Stambàte

Calcio, pedata.

Stangà

V. Stancare, affaticare, spossare.

Stanziòne

Stazione ferroviaria.

Statte bbune!

Ciao, arrivederci! Stammi bene! Saluto di commiato.

Stedènde

Studente.

Stemacà

V. Stomacare, disturbare, nauseare.

Stenà

V. Stonare, stordire; es. *Uèèèè, u stenàte!* – Ciao rintronato! *Me sì stenàte / Me sì fatte la capa tande!* - Hai già parlato troppo.

Stènne

V. Stendere, distendere, adagiare per terra o su giaciglio; es. *Stàve stennute ndèrre!* – Era adagiato al suolo! *Stìnne le pìde!* – Muori!

Stennùte

Steso o offrire agli amici; sofferta decisione di aprire il portafogli e pagare! Es. *Te sì stennùte aìire?* - Hai offerto ieri?

Sterpià / Strepià

V. Storpiare, deformare, azzoppare, sciancare.

Stèrte / Tèrte

Storto, deformato, piegato, curvato. Es. *Cudde iè stèrte!* –

Quel soggetto non è cresciuto con una valida educazione che gli avrebbe potuto inculcare dei valori!

Stetà

V. Spegnere, smorzare, dare il ben servito a uno sbruffone.

Stèzze

Pezzo di qualcosa, Es. *Pàsseme nù stèzze de ppàne!*

Sti chegghiùne!

Volg. Oh, Perbacco!

Strafequà

Strangolare o mangiare troppo oltre le proprie possibilità, di solito quando ci vien offerto!

Stranìire/ Strànie

Straniero, forestiero, estraneo, di fuori. Es. *Te sì ffatte stranìire?* - Chi non muore si rivede!

Strappe

Strappo, scippo.

Strascenàte

Orecchiette originali "barivecchiane" fatte a mano, una a una, con la punta del coltello.

Strate

Strada, via. Raff. *State strate* – Strada facendo, mentre camminiamo.

Strazzàte

Strappata o forte accelerazione su strada; es. *Ce sò fatte nà strazzàte e u sò ppèrse!* – Dopo aver accelerato, l'avevo perso dallo specchietto retrovisore. V. *Strazzà.*

Strènge!

Che clima artico oggi! Sin. *Fasce frìdde!*

Strepiàte

Sonora scarica di botte, o colui che ne è rimasto offeso fisicamente!

Stretegghiàte

Distorsione, slogatura.

Strefòne

Gioco simile al nascondino, anni '70-'80.

Strìgne

Risata spasmodica e irrefrenabile, risaiola.

Strunze

Feci animali, contenuto del w.c. o vero e proprio "Stronzo".

Strusciamùsse

Tovagiolo o strofinaccio.

Strutte

Speso, usurato, consumato.

Stu

Questo.

Stùbbete

Stupido.

Strùsce

Consumo; es. *Strùsc'a bbène!* – Dilapidatore di patrimoni!

Stutacannèle

Nel passato era colui il quale spegneva le luminarie cittadine, attualmente è solo una gradevolissima posizione erotica detta appunto "Spegnicandela".

Stutafuèche

Paciere, conciliatore, mediatore; proprio colui che si becca la prima coltellata in quanto contravviene al detto *"Fàtte le cazze tùe!"*.

Suse

Sopra, su altro piano. Es. *Suse a la nònne!* - E' dalla nonna!

Suste

Noia mortale, quasi paranoia. Es. *Me st'a ffasce venì la suste!* - Mi stai facendo cadere in paranoia!

Svacandà

Svuotare, evacuare, sfollare.

Svaccàte

Gestante o donna svasata prima o dopo il parto (non necessariamente).

Tabacchìne

Ricevitoria e rivendita di sali e tabacchi.

Tacè

V. Tacere, zittire, ammutolire.

Tacche

Fetta enorme di carne. Dim. *Taccariìdde* – Piccola bistecca.

Tacchìsce!

Vai via! Stai alla larga!

Taccòne

Grosso pezzo di pane, spesso da farcire.

Tagghià

V. Tagliare ma soprattutto criticare, parlare alle spalle di qualcuno. Es. *Mò arrive u tàgghia tàgghie!* – Arriva l'accoltellatore, il delatore, il Giuda! *Ma te uè tagghià chidde capìdde ca pàre sòreme!* - Ma tagliati i capelli che sembri mia sorella!

Tamme / Tambe

Tanfo insopportabile, puzzo, odoraccio, male odore.

Tammùrre

Tamburo o, figuratamente, il pancione delle partorienti.

Tanne

Allora, al momento dell'azione; es. *Tanne seccedì!* – Successe allora! Raff. *Tanne tanne* - in quell'istante.

Tande

Tanto, molto ampio, esteso.

Taràlle

Tarallo.

Taràte

Tarato, di coccio, con le proprie errate convinzioni.

Taratùffe

Tartufo o uovo di mare, mollusco con cui ci si diverte a Natale a spruzzarsi vicendevolmente nel tagliarli.

Tarzanìdde

Tarzanello, rimasugli organici adesi ai peli delle "parti basse", a mo' di Tarzan sulle liane.

Tatà / Babbe

Padre, papà, genitore.

Tàue

Tavola o tavolo per pranzare; dim. *Tauèdde* – Tavoletta, *Tauìne* – Tavolino.

Tavùte

Bara, contenitore per "immobili" in legno pregiato, termine di derivazione certamente arabo-greca (taut). Sin. *Bagùglie.*

Tècche

Tocco, conta a mano per stabilire, appunto, a chi tocca. V. *Tecquà*- Toccare, sorteggiare.

Tedià

V. Annoiare, stufare.

Tefàgne

Duro di comprendonio, tardivo nel capire qualcosa.

Telèfene

Telefono.

Tembàne

Teglia di maccheroni al forno.

Temòne

Timone, guida in un gruppo.

Tènda gnóre!

Lett. Tenda nera, porta iella!

Tenè

Verbo Tenere o avere; coniugazione dell'indicativo presente: *ìì tènghe, tu tìine, ìidde tène, nù tenìme, vu tenìte, lore tènene.* Es. *E ce ttine la Latterìa Prìngepe!* - Tettona.

Iùne u téne e uàlde uammandéne! - Persone per niente proattive, incapaci di agire.

Téne la facce d'u tre de bastóne! - Ha un espressione ebete.

Ténghe u prengepìzzie nmòcche! - Comincio a prenderci gusto!

Tènghe fame – Ho appetito.

Tènge

V. Tingere, colorare, tinteggiare.

Teràte

Tirata, tirato, usato per bevuta lunga (*Tutte iìnde a na teràte!*), oppure identifica il ricorso a droghe da sniffo. Es. *Me so teràte cinde èure de coche!* V. *Terà*. Es. *Terà la calzétte!* - Rendersi preziosi, non concedersi o non dare spiegazioni.

Terchì

Turchia, lo Stato che dopo 1000 anni rivorrebbe le ossa di "*Sanda Necòle*".

Tèrre

Terra, suolo, mondo, superficie; raff. *Tèrra tèrre* – rasente la superficie o di bassissimo livello sociale.

Terrìse / Ternìse

Lett. Torinesi, i soldi.

Tèrte

Torto, sgarro, offesa, ma anche storto, piegato.

Tesò

Tesoro, bene prezioso. Spesso il barese esordisce con questa parola, tipo "Uèèèèèè, tesòòòòò", quando incontra un qualcuno accorato o di cui non ricorda il nome! In passato era *Tresòre*, d'indubbia derivazione francese.

Tèste

Duro, robusto o benestante; es. *Cudde stè tèste tèste!* – Quello lì è sfondato di soldi!

Tetè

Petulante, che parla tanto e conclude poco.

Tezzuà

V. Bussare o chiedere la restituzione di un prestito. Es. *Tezzuìsce che le piìte!* - Bussa solo coi piedi, a causa delle mani occupate a portare qualcosa.

T'ià dà nu tuzze!

Ti dò una testata!

Tiàdre

Teatro, arena, spettacolo, teatrino. Es. *Stà ffasce u tiàdre!* - Stai spettacolarizzando l'evento!

T'ià sckattà le malàndre!

Volg. Penetrazione profonda fino alle interiora.

Tiàne

Tegame di creta.

Ticche

Tic nervoso.

Tiédde

Teglia per cuocervi solitamente pasta al forno o riso patate e cozze.

Tignà

V. frodare, colpire, malmenare.

Timbe

Tempo, condizioni climatiche; es. *Oùùùù, sì vviste u timbe?* – Ma hai visto che nubi, hai consultato il meteo?

Tirabbusciò/Tirabusciòne

Cavaturaccioli, parola di ovvia derivazione francese, tire-bouchon.

Tise

Teso, diritto; raff. *Tise tise* – Immobilizzato dall'ansia.

Temacchìie

Anguilla marinata, proveniente dai laghi di Comacchio.

Topìne

Ladruncolo da quattro soldi.

Tòrcie

V. Torcere o torcia.

Trademìinde

Tradimento, voltafaccia; es. *Mangiapàne a trademìinde* - Parassita, avvoltoio, approfittatore.

Tradetóre

Traditore.

Traìine

Rimorchio, carro trainato; der. *Trainìire* – Il proprio conduttore, in disuso dall'avvento della caldaia a vapore!

Tramendàne

Vento freddo di tramontana.

Tramòte

Terremoto, stato di disordine totale o situazione incasinata.

Trapanà

V. Trapanare, penetrare in profondità, sfondare, bucare.

Trase!

Entra prego! V. *Trasì*.

Teràte

Tirata, trazionata.

Trattenè

V. Trattenere, contenere ma anche divertire.

Tratùre

Cassetto mortuario

Trechéche

Carrucola.

Trembà

Lavorare la massa a mano in casa per panzarotti o pasta per le orecchiette.

Tremóne

Forse tra le parole più famose, stà per mezza sega, sciocchino.

Tremuà

V. Tremare in genere. Es. *La banàne au vebratòre: "percè tremuìsce, a ttè miche te màngene"*! La banana al vibratore: perché tremi, mica ti mangiano!

Trène

Treno.

Trerróte

Pratico Mezzo di locomozione multiuso tipo Apecar.

Trèssètte

Lett. Tre sette, gioco di carte che aggregava folle di curiosi, soppiantato dal Burraco e Texas Hold'em.

Tricche e ttracche

Botti natalizi, spesso non pericolosi, a miccia corta; sim. *Bombètte.*

Troppe

Troppo, assai, esagerato.

Trottàte

Dicesi di donna navigata, che ha trottato tanto!

Trussciànde

Trasandato.

Tu

Tu o tuo.

Tunne

Tonno o tondo; raff. *Tunne tunne* – detto di persona con addome a botte, o di bambino in sovrappeso.

Tutte

Tutto, intero, totalmente.

Tuzzà

V. Scontrare, specialmente usato per i traumi della testa; der. **Tùzze** - Capocciata, testata, solitamente primo contatto del barese medio verso la piramide nasale del contendente.

- U -

U

Il, lo. Vediamo gli altri articoli determinativi, che sono:

La – La;

Le - I, Gli, Le.

Uà

Guaio, guai o disgrazia; es. *So avùte nu uà!* – Ho avuto un'avversità! Raff. *Uà uà* – Chiacchierone, ciarliero e inconcludente. Es. *Si nu uà uà!* - Sei una persona poco risolutiva, tutto chiacchiere!

Uadùne

Lett. Adunanza, riunione dell'assemblea aventi fini leciti ed illeciti.

Uaddòre

L'odore, l'aroma, profumo.

Uagglió! / Uaggnòne

Ragazzo! Plur. *Uaggnùne, Uaggnèdde* - Ragazza; dim. *Uagnengìdde* – Ragazzino. Es. *Uagglió, scìitte u remmàte!* – Giovane, butta l'immondizia! *Mò uaggnùne stogghe a trèmile!* Ragazzi, sono a tremila! Amici, sono al massimo dell'euforia!

Uàlde

L'altro.

Uànde

Guanto o preservativo.

Uandìiere

Guantiera, vassoio, cabarè, vistoso piatto di portata.

Uàrdie

Guardia, che vien esteso a tutti quelli che indossano una divisa in servizio pubblico.

Uàrrue / alvere

L'albero.

Uascèzze

Banchetto festoso, pranzo cerimonioso, scampagnata di Pasquetta, allegria conviviale in genere.

Uàscre / Uàsche

Lastrico solare, solaio, tetto.

Uastè

V. Guastare, rompere, danneggiare; der. *Uastafèste* - Guastafeste, seccatore.

Uatterróne

Torrone, es. *Pàsseme nu stézze de uatterróne!*

Uàzzebbànne

Grancassa (deriva dalle scritte sulle grancasse americane ''Jazz band'').

Uè!

Ciao, eccoti qui, da dove esci, finalmente sei arrivato, dove eri finito! Es. *Ué, spadriàte!* - Ehi tu, apolide! Sin. vuoi.

Uèrre

Guerra; der. *Uèrriere* - Guerriero. Es. *Tine la uèrre ngape!* - Sei un casinista, fai subito ricorso alle vie di fatto non conoscendo l'importanza della comunicazione interpersonale!

Uèrte

L'orto o il proprio ambito.

Uève

Uovo. Der. *U ióvaióve.* - Composto di uova, formaggio e mollica, usato per le galline per ottenere uova migliori.

Uìte

Guida, leader.

Ùldeme

Ultimo, conclusivo,finale, terminale.

Uòre

L'oro o, più in generale, gioielli di famiglia.

Ùmmete

Umido, bagnato, umettato, impregnato.

Ùrte du vòmete / scìitte

Nausea, voltastomaco, disgusto, schifo.

- V -

Vacànde

Vuoto, es. *Tine la cape vacànde!* - Hai la testa come un palloncino riempito a elio !

Vacandìne o Vacandì

Scapolo o nubile, a carico dei genitori.

Và e vvène!

Lett. Va e viene! Andirivieni, viavai.

Valè

V. Valere, contare.

Valìsce

Valigia, bagaglio.

Vambà

V. Divampare, bruciare detto anche di desiderio.

Vàrche

Barca, imbarcazione.

Varrìle

Barile, ma spesso indica signore di sproporzionate dimensioni!

Varve

Barba; es. *Fa la varve* - Fare la barba o far la cresta; der. *Varvìere* – Barbiere.

Vase

Bacio, sbaciucchio.

Vasenecòle

Basilico

Vassce

Basso, corto ma anche conveniente, sommessamente.

Vastàse (Sì nù)

Maleducato, grezzo, senza modi cavallereschi.

Vattèseme

Battesimo.

Vattìnne!

Vattene! Es. *Vattìnnè o llàrghe!* - Vattene lontano, ma và, burlone! Oppure detto per indurre l'antagonista ad andar via prima che possa succedere l'indefinito. sin. **Tacchìsce**.

Es. *Ma vattìnne, và!* - Va' via! Usato anche per indicare disaccordo o scetticismo.

Vattrùve!

Chi sa dove sia!

Vàve

Bava; der. *Vavùse* – Bavoso o infantile.

Vé bunarìdde!

E' da molto tempo!

Veccìre

Macellaio; der. *Vecciarì* – Macelleria.

Vecìne

Vicino, prossimo, adiacente, attiguo.

Vècchiìe

Vecchio, anziano, veterano; pl. *Viicchiìe*. Der. *Vecchiarìdde* - Vecchietto, nonnetto; *Vecchiarèdde* – Nonnina.

Vedè

V. Vedere, guardare, scrutare.

Vèdeve

Vedova. Prov. *La vèdeve chiànge u marìte muèrte, ma pènze ò vìve!* La vedova piange il morto, ma pensa al vivo! La vita và avanti, nonostante tutto.

Vé dòlge!

Vai dolce, vacci piano!

Veddìche

Ombelico.

Veldà

V. Girare, voltare, roteare; der. *A la Veldate* – Alla girata.

Velè

V. Volere, gradire, desiderare, aver intenzione. Der. *Velè a iùne* – Desiderare fortemente qualcuno.

Vènde

Addome, pancia, ventre.

Vènge

V. Vincere, vince, superare, sconfiggere.

Venì

V. Venire, giungere, approssimarsi ma anche eiaculare. Es.

Venì a rrète – Venire nuovamente. *Venì de condìnue* – Venir continuamente.

Vènne

V. Vendere, alienare, liquidare, commerciare, distribuire. Es. *Vènne a mmuzze!* – Vendere ad occhio e croce!

Vermecìdde

Vermicelli, spaghetti.

Vermecòcche o Vremecòcche

Albicocca/che.

Verrùzze

Trottolina fatta roteare grazie a spago arrotolatogli attorno, dei bei tempi che furono.

Vescigghìie

Vigilia di festività.

Vestì

V. Vestire, abbigliare, agghindare. Der. *Vestìrse* – Vestirsi.

Vetònde

Bitonto, ridente borgo a pochi chilometri dal capoluogo, contraddistinto dal lessico molto più variopinto e particolare del nostro. Prov. *Ce Vetònde tenéve u purte, BBare fòsse murte!* - Se Bitonto avesse avuto il mare, Bari sarebbe morta. *Iéue so de Vetònde peró u bbarèse me piàsce asséie!* (bitontino moderno)

Vetràne

Morbillo pediatrico.

Vetrìne

Occhiali.

Vicce

Tacchino.

Villacchiàrse

Tirarsi indietro proprio quando servirebbe, viltà. Der.*Villacchióne* - pusillanime o poco affidabile.

Vìinde

Vento; differente da *Vinde* - Venti.

Vine ddò!

Vieni qua! Detto con sguardo irato, pronto allo scatto felino per un rapido inseguimento.

Virne

Inverno. Le altre stagioni sono: la *Primavère*, l'*Èstate* e u *Autùnne*.

Vite

Vita, esistenza.

Vive

V. Vivere, esistere, abitare, soggiornare. Es. *Vive a la pedocchiètte* – Viver di stenti.

Raff. *Vive vive* – Vivissimo.

Vocche

Bocca; raff. *Vocca vocche* – Chiacchierone. Es. *Manghe la vocche ha d'aprì!* - In un batter d'occhi.

Vògghie

Voglia, desiderio, brama.

Volà

V. Volare.

Vòldavìte

Cacciavite.

Vòsce

Voce.

Vove

Bove, bue.

Prov. *U vove ca disce chernùte au ciuccìe!* – Il toro che disce cornuto all'asino!

Vrazze

Braccio.

Vremecìidde

Lett. Vermicelli, pasta che lega moltissimo con sugo di pesce, oppure muco penzolante perenne.

Vu

Voi.

Vùddeche / gòmete

Gomito.

Vuèste

Vostri.

Vuiàlde

Voialtri.

- Z -

Zà

Detto agli animali per scacciarli.

Zambbàne

Zanzara o scocciatore, disturbatore.

Zambe / Zampe

Ominide, spesso di provincia, con seri problemi di buongusto nel parlare, vestire e comportarsi, al limite del buongusto e della decenza. Sin. *ZZàgne* - Burino, cozzalo; es. *Cudde ié pròbbiìe zzàgne!*

Zambìne

Salsiccia aromatica, prodotto d'eccellenza di Sammichele al Casale.

Zaràffe

Truffatore; v. *Zaraffè* – Imbrogliare.

Zè

Si; es. *Non zè và!* – Non ci si và!

Zècche

Zecca, parassita o detto di persona assillante che non demorde nel rompere costantemente i cosiddetti. Es. *Le zècche tanda l'une tine!* - Caro amico il tuo comportamento mi lascia attonito!

Zefìlde

Sifilide; der. *Zefildùse* - Sifilitico, sporcaccione,

frequentatore di nigeriane.

Zefóne

Sifone, tubo per il tiraggio della benzina da serbatoio o di vino dalle damigiane.

Zellùse

Sporco, schifoso, emaciato, stomachevole, nauseabondo.

Zembà

V. Saltare, balzare, lanciarsi.

Zembarìidde / Zumbarìdde

Zomparello, meglio conosciuto come *"Patrùne e ssòtte"*, famoso gioco di carte che prevede l'obbligatoria cassa di birra sotto il tavolo da gioco, per premiare appunto il "padrone" ed il "sotto-padrone" di ogni mano.

Zenéfre / Nzenèfre

Asse sul quale scorrono le tende o serranda avvolgibile.

Zènghere / Zìngre

Zingaro, accattone, forestiero, nomade, girovago, senza patria.

Zèppe

Zoppo, claudicante. Prov. *Nessciùne zzèppe iè ddritte!* Nessuno zoppo è dritto; ossia, per esempio, paradossalmente non si può pretendere giustizia da un ladro.

Zeppìre

Zuppiera.

Zetèdde / Zetèlle

Zitella, signorina grande, nubile stagionata.

Ziazì

Pellegrino, viandante, forestiero di cui San Nicola è protettore!

Zippe

Rametto, bastoncino; der. *Zippe dolge* - Stecco di liquirizia naturale da succhiare per facilitare la peristalsi.

Zite

Sposo/a/i o fidanzati, morosi. Prov. *Ha remanùte come la zite de Cègghiìe!* - E' rimasta sola.

Zòche

Fune, corda, spago.

Zòcchene

Topo di fogna di grossa dimensione o donna di facili costumi (...che la dà *subito*!).

Zòmbe

Salta; der. *Zùmbe* – Salto. V. *Zembè*.

ZZà

Tipico strillo per intimidire e cacciare cani.

Zzère

Zero, nullità.

Zzi

Zio/a, zietto; der. *Ziane* – Lo Zio. Es. *Cià lo zzi!* – Ciao zio!

Zzuchère / zùccre

Zucchero, saccarosio.

ZZumbafùsse

Lett. salta fossi, colui che viene meno alle proprie responsabilità.

ABBIAMO TRADOTTO TUTTI I VERBI

ITALIANO / BARESE

Abbaiare	Abbaià
Abbassare	Abbasscià
Abbellire	Abbellì
Abbellire	Aggrazzià
Abbellirsi	Intolettà
Abbeverare	Abbeverà
Abbisognare	Abbesegnà
Abbracciare	Abbrazzà
Abbronzare	Abbronzà
Abitare	Avetà
Accarezzare	Accarezzà
Accartocciare	Ndrevegghià
Accecare	Cecà
Accendere	Appeccià
Accertare	Appurà
Accettare	Accettà
Acchiappare	Acciaffà
Acciuffare	Auuandà
Accollare	Accollà
Accontentare	Acchendendà
Accorciare	Acchercià
Accordare	Accherdà
Accordare	Apparolà
Accovacciare	Acquaquagghià
Accovacciare	Quaquagghià
Accumulare	Nzemuà

BARESE / ITALIANO

Abbabuà	Imbambolare
Abbacà	Calmare
Abbadà	Badare
Abbaià	Abbaiare
Abballà	Ballare
Abbàsa	Baciare
Abbasscià	Abbassare
Abbefacchià	Gonfiare
Abbegnà	Saziare
Abbellì	Abbellire
Abbesegnà	Abbisognare
Abbettà	Gonfiare
Abbetuà	Assuefare
Abbeverà	Abbeverare
Abbevèsce	Rinvenire
Abbiangà	Imbianchire
Abbrazzà	Abbracciare
Abbrescià	Bruciare
Abbronzà	Abbronzare
Abbuffà	Saziare
Abbusckà	Guadagnare
Abbuzzà	Zittire
Accapezzà	Capire
Accareggnà	Sottomettere
Accarezzà	Accarezzare
Accattà	Comprare

Accusare	Acchesà	**Accavaddà**	Montare
Addomesticare	Addomà	**Accepenà**	Cader malato
Adulare	Alleccà	**Accettà**	Accettare
Affidare	Affedà	**Acchecchià**	Unire
Affittare	Affettà	**Acchefanà**	Imbacuccare
Affogare	Affecuà	**Acchemegghià**	Coprire
Aggiungere	Sciongè	**Acchemenzà**	Cominciare
Aggrinzire	Arrappà	**Acchendendà**	Accontentare
Aiutare	Aità	**Acchercià**	Accorciare
Albeggiare	Albescià	**Accherdà**	Accordare
Allacciare	Allazzà	**Accherteddà**	Pugnalare
Allentare	Allendà	**Acchesà**	Accusare
Allontanare	Menduà	**Acchià**	Trovare
Alterare	Aldarà	**Acchià da nanze**	Incontrare
Alzare	Alzà	**Acchiangà**	Pavimentare
Amare	Amà	**Acchietà**	Calmare
Andare	Scì	**Acciaccà**	Pestare
Annotare	Appendà	**Acciaffà**	Acchiappare
Ansimare	Canescià	**Accìte**	Uccidere
Appendere	Appènne	**Acciuccà**	Render brillo
Appiccicare	Appezzecà	**Accollà**	Accollare
Appoggiare	Appeggià	**Achiùte**	Chiudere
Apprendere	Apprènne	**Acquaquagghià**	Accovacciare
Apprendere	Mbarà	**Adarassà**	Socchiudere
Appuntare	Appundà	**Addemannà**	Domandare
Appuntire	Appizzà	**Addenà**	Raccogliere
Aprire	Aprì	**Addendà**	Morsicare
Arare	Arà	**Adderà**	Odorare
Arrangiare	Arrangià	**Addomà**	Addomesticare

Arrestare	Arrestà	**Addubbià**	Narcotizzare
Arricciare	Arrezzà	**Aderà**	Durare
Arrivare	Arrevà	**Affecuà**	Affogare
Arrossire	Avvambà	**Affedà**	Affidare
Arrostire	Arròste	**Affedà**	Fidanzarsi
Asciugare	Asseppà	**Affetèsce**	Impuzzolire
Aspettare	Aspettà	**Affettà**	Affittare
Assaggiare	Assaggià	**Affettà**	Scorgere
Assaporare	Assaperà	**Aggemendà**	Infastidire
Assentarsi	Mangà	**Aggerà**	Girare
Assicurare	Assecurà	**Aggnì**	Riempire
Assopirsi	Appapagnà	**Aggrazzià**	Abbellire
Assuefare	Abbetuà	**Aità**	Aiutare
Assumere	Ngaggià	**Albescià**	Albeggiare
Attaccare	Attaccà	**Aldarà**	Alterare
Attanagliare	Attanagghià	**Allassà**	Lasciare
Attentare	Attendà	**Allazzà**	Allacciare
Avere	Avè	**Alleccà**	Adulare
Avvertire	Avvertì	**Allendà**	Allentare
Avvicinare	Avvecenà	**Alzà**	Alzare
Avvolgere	Arrevegghià	**Amà**	Amare
Azzeccare	Angarrà	**Ambadrenì**	Impadronire
Azzeccare	Mbroccà	**Ambarà**	Imparare
Baciare	Abbàsa	**Ambaurì**	Impaurire
Baciare	Vasà	**Ammagagnà**	Render furbo
Badare	Abbadà	**Ammangà**	Mancare
Badare	Badà	**Ammaterà**	Maturare
Bagnare	Baggnà	**Ammeddà**	Rammollire
Balbettare	Balbettà	**Ammelengià**	Gonfiare

Balbettare	Tartagghià	**Ammenà**	Buttare
Ballare	Abballà	**Ammollà**	Mollare
Ballare	Ballà	**Anacedì**	Inacidire
Battagliare	Battaglià	**Andevenà**	Indovinare
Battere	Batte	**Angappà**	Incappare
Benedire	Benedìsce	**Angaramà**	Impigliare
Bere	Bève	**Angarrà**	Azzeccare
Bere	Vève	**Angenecchia**	Inginocchiare
Bestemmiare	Gastemà	**Annasprì**	Inasprire
Bollire	Bollì	**Annùsce**	Portare
Bruciare	Abbrescià	**Anzeppà**	Inzuppare
Bruciare	Brescià	**Appapagnà**	Assopirsi
Buggerare	Tegnà	**Apparolà**	Accordare
Burlare	Babbeià	**Appeccià**	Accendere
Bussare	Tezzuà	**Appeggià**	Appoggiare
Buttare	Ammenà	**Appendà**	Annotare
Cacciare	Caccià	**Appènne**	Appendere
Cader malato	Accepenà	**Appezzecà**	Appiccicare
Cadere	Cadè	**Appezzendì**	Impoverire
Calare	Calà	**Appizzà**	Appuntire
Calmare	Abbacà	**Apprènne**	Apprendere
Calmare	Acchietà	**Appundà**	Appuntare
Cambiare	Cangià	**Appurà**	Accertare
Cambiare	Scangià	**Aprì**	Aprire
Camminare	Cammenà	**Arà**	Arare
Cantare	Candà	**Aramasckà**	Raccogliere
Capire	Accapezzà	**Arassemegghià**	Rassomigliare
Capire	Capì	**Arraddà**	Seccare
Capitare	Capetà	**Arragà**	Litigare

233

Cercare	Cercà	**Arrangià**	Arrangiare
Chiudere	Achiùte	**Arrapà**	Eccitare
Colare	Cuà	**Arrappà**	Aggrinzire
Combattere	Chembàtte	**Arrebbà**	Rubare
Cominciare	Acchemenzà	**Arrecheià**	Riposare
Comparire	Chembarì	**Arrecògghie**	Raccogliere
Compatire	Chembatì	**Arredùsce**	Ridurre
Comprare	Accattà	**Arrefelà**	Limare
Confessare	Chenvessà	**Arreggettà**	Riordinare
Conoscere	Canòssce	**Arregnà**	Raggomitolare
Consacrare	Chenzacrà	**Arremanè**	Rimanere
Conservare	Arrepà	**Arrepà**	Conservare
Conservare	Astepà	**Arrepezzà**	Rammendare
Consigliare	Conzigglià	**Arrestà**	Arrestare
Consolare	Chenzelà	**Arreunà**	Rovinare
Consolare	Chenzuà	**Arrevà**	Arrivare
Consolare	Conzolà	**Arrevegghià**	Avvolgere
Consumare	Chenzemà	**Arrezzà**	Arricciare
Consumare	Strùsce	**Arrezzecà**	Rabbrividire
Contare	Chendà	**Arròste**	Arrostire
Contenere	Chendenè	**Ascònne**	Nascondere
Coprire	Acchemegghià	**Aspettà**	Aspettare
Coricare	Chelquà	**Assaggià**	Assaggiare
Coricare	Chercuà	**Assaperà**	Assaporare
Correre	Corre	**Asscènne**	Scendere
Costare	Ghestà	**Asseccà**	Seccare
Creare	Crià	**Assecurà**	Assicurare
Credere	Crenze	**Assedè**	Sedere
Credere	Crète	**Asseppà**	Asciugare

Crepare	Crepà	**Assequà**	Prosciugare
Crivellare	Criveddà	**Assì**	Uscire
Cucinare	Checcenà	**Astepà**	Conservare
Cucire	Chesì	**Attaccà**	Attaccare
Cucire	Cose	**Attanagghià**	Attanagliare
Cuocere	Cosce	**Attendà**	Attentare
Dare	Dà	**Aunèsce**	Unire
Decidere	Decìte	**Auuandà**	Acciuffare
Defecare	Cacà	**Avè**	Avere
Demolire	Scaffuà	**Avetà**	Abitare
Difendere	Defènne	**Avvambà**	Arrossire
Diffamare	Deffamà	**Avvecenà**	Avvicinare
Digiunare	Desscenà	**Avvertì**	Avvertire
Dimezzare	Smezzà	**Avvevèsce**	Ravvivare
Dire	Disce	**Azzagà**	Sfregiare
Disfare	Sfà	**Azzeccà**	Indovinare
Dipingere	Pettà	**Azzeppà**	Urtare
Dispiacere	Despiacè	**Babbeià**	Burlare
Disunire	Schecchià	**Badà**	Badare
Divulgare	Sputtanà	**Baggnà**	Bagnare
Dolere	Dolè	**Balbettà**	Balbettare
Domandare	Addemannà	**Ballà**	Ballare
Dominare	Gallià	**Battaglià**	Battagliare
Dormire	Dermì	**Batte**	Battere
Durare	Aderà	**Benedìsce**	Benedire
Eccitare	Arrapà	**Bève**	Bere
Entrare	Trasì	**Bollì**	Bollire
Essere	Èsse	**Brescià**	Bruciare
Fabbricare	Frabbecà	**Buzzarà**	Ingannare

Fallire	Fallì	**Cacà**	Defecare
Fare	Fà	**Caccià**	Cacciare
Fasciare	Mbassà	**Cadè**	Cadere
Faticare	Fadegà	**Calà**	Calare
Ficcare	Feccà	**Calafatà**	Impeciare
Ficcare	Sckaffà	**Cammenà**	Camminare
Fidanzarsi	Affedà	**Candà**	Cantare
Fidare	Fedà	**Canescià**	Ansimare
Figliare	Fegghià	**Cangià**	Cambiare
Fingere	Fènge	**Canòssce**	Conoscere
Finire	Fernèsce	**Capà**	Scegliere
Finire	Fernì	**Capetà**	Capitare
Fischiare	Frisckà	**Capì**	Capire
Fissare	Fessà	**Carciarà**	Incarcerare
Fracassare	Fragassà	**Caresà**	Tosare
Fracassare	Sfraganà	**Carescià**	Trasportare
Friggere	Frìsce	**Cazzà**	Sperperare
Fuggire	Fescì	**Cazzà**	Schiacciare
Gettare	Scettà	**Cecà**	Accecare
Giocare	Scecuà	**Cercà**	Cercare
Giocare	Sciecuà	**Checcenà**	Cucinare
Giovare	Recreà	**Chedeuà**	Smuovere
Girare	Aggerà	**Chelquà**	Coricare
Girare	Gerà	**Chembarì**	Comparire
Godere	Ghedè	**Chembatì**	Compatire
Godere	Godè	**Chembàtte**	Combattere
Gonfiare	Abbefacchià	**Chendà**	Contare
Gonfiare	Abbettà	**Chendenè**	Contenere
Gonfiare	Ammelengià	**Chengegnà**	Organizzare

236

Grattare	Grattà	**Chengiònge**	Unire
Gridare	Gredà	**Chenvessà**	Confessare
Gridare	Sckamà	**Chenzacrà**	Consacrare
Guadagnare	Abbusckà	**Chenzelà**	Consolare
Guadagnare	Ngartà	**Chenzemà**	Consumare
Guardare	Chiamendà	**Chenzuà**	Consolare
Guarire	Uarì	**Chercuà**	Coricare
Guidare	Guidà	**Chesì**	Cucire
Imbacuccare	Acchefanà	**Chiamendà**	Guardare
Imbambolare	Abbabuà	**Chiandà**	Piantare
Imbianchire	Abbiangà	**Chiànge**	Piangere
Imbrogliare	Mbregghià	**Chiavà**	Fare l'amore
Imbrogliare	Zaraffà	**Chiecà**	Piegare
Imbucare	Mbucà	**Chietrà**	Pietrificare
Impadronire	Ambadrenì	**Chiòve**	Piovere
Impallidire	Scrèsce	**Cògghie**	Raccogliere
Imparare	Ambarà	**Conzigglià**	Consigliare
Impastare	Trembà	**Conzolà**	Consolare
Impaurire	Ambaurì	**Corre**	Correre
Impaurire	Mbaurì	**Cosce**	Cuocere
Impazzire	Mbazzì	**Cose**	Cucire
Impeciare	Calafatà	**Crenze**	Credere
Impennare	Mbennà	**Crepà**	Crepare
Impigliare	Angaramà	**Crète**	Credere
Impigliare	Ngaramà	**Crià**	Creare
Impoverire	Appezzendì	**Criveddà**	Crivellare
Impuzzolire	Affetèsce	**Cuà**	Colare
Inacidire	Anacedì	**Dà**	Dare
Inasprire	Annasprì	**Darassà**	Scostare

Incantare	Ngandà	Decìte	Decidere
Incarcerare	Carciarà	Defènne	Difendere
Incazzare	Ngazzà	Deffamà	Diffamare
Incendiare	Devambà	Dermì	Dormire
Inchiodare	Nghiavettà	Descetà	Svegliare
Incontrare	Acchià da nanze	Desdegnà	Indignare
Indignare	Desdegnà	Despiacè	Dispiacere
Indovinare	Andevenà	Desscenà	Digiunare
Indurire	Ndestà	Devambà	Incendiare
Infastidire	Aggemendà	Disce	Dire
Infastidire	Gemendà	Dolè	Dolere
Infilare	Mbelà	Drezzà	Raddrizzare
Informare	Mbormà	Èsse	Essere
Ingannare	Buzzarà	Fà	Fare
Ingannare	Ngannà	Fà vècchie	Invecchiare
Incappare	Angappà	Fadegà	Faticare
Inginocchiare	Angenecchia	Fadegà	Lavorare
Inginocchiarsi	Schenecchià	Fallì	Fallire
Ingiuriare	Ngerià	Feccà	Ficcare
Iniziare a	Ngeggnà	Fedà	Fidare
Innamorare	Nammerà	Fegghià	Figliare
Indovinare	Azzeccà	Fènge	Fingere
Inquadrare	Nguadrà	Fernèsce	Finire
Insaccare	Nzaccà	Fernì	Finire
Insultare	Nzultà	Fescì	Fuggire
Intonare	Ndenà	Fessà	Fissare
Intrattenere	Ndrattenè	Fiatà	Soffiare
Intrigare	Ndregà	Folge	Otturare
Invecchiare	Fà vècchie	Frabbecà	Fabbricare

Invitare	Mbetà	**Fragassà**	Fracassare
Inzuppare	Anzeppà	**Frecà**	Raggirare
Ipnotizzare	Mbabbuescià	**Frìsce**	Friggere
Lamentarsi	Lagnà	**Frisckà**	Fischiare
Lampeggiare	Lambescià	**Gabba**	Tradire
Lanciare	Menà	**Gallià**	Dominare
Lasciare	Allassà	**Gastemà**	Bestemmiare
Lasciare	Lassà	**Gemendà**	Infastidire
Lavare	Lavà	**Gerà**	Girare
Lavorare	Fadegà	**Ghedè**	Godere
Leccare	Leccà	**Ghestà**	Costare
Leggere	Lèsce	**Gnotte**	Mangiare
Liberare	Leberà	**Godè**	Godere
Liberarsi	Smammà	**Gramenà**	Stendere pasta
Limare	Arrefelà	**Grattà**	Grattare
Litigare	Arragà	**Grattà**	Rubare
Macellare	Maceddà	**Gredà**	Gridare
Macellare	Mattà	**Greffuà**	Russare
Macinare	Mascenà	**Guidà**	Guidare
Maledire	Maledìsce	**Intolettà**	Abbellirsi
Mancare	Ammangà	**Ionge**	Ungere
Mancare	Mangà	**Lagnà**	Lamentarsi
Mandare	Mannà	**Lambescià**	Lampeggiare
Maneggiare	Manescià	**Lambrà**	Risplendere
Mangiare	Gnotte	**Lassà**	Lasciare
Mangiare	Mangià	**Lavà**	Lavare
Mangiare	Strafecuà	**Leberà**	Liberare
Sbavare	Vavescià	**Leccà**	Leccare
Mantenere	Mandenè	**Lèsce**	Leggere

Marcire	Marcì	Maceddà	Macellare
Marcire	Mecuà	Maldrattà	Strapazzare
Maritare	Maredà	Maledìsce	Maledire
Maturare	Ammaterà	Mandenè	Mantenere
Maturare	Materà	Mandenè	Reggere
Meritare	Meretà	Manescià	Maneggiare
Mettere	Mètte	Mangà	Assentarsi
Mietere	Mète	Mangà	Mancare
Misurare	Meserà	Mangià	Mangiare
Mollare	Ammollà	Mannà	Mandare
Montare	Accavaddà	Marcì	Marcire
Morire	Merì	Maredà	Maritare
Morsicare	Addendà	Maredàrse	Sposarsi
Morsicare	Mezzecuà	Mascenà	Macinare
Mungere	Monge	Materà	Maturare
Narcotizzare	Addubbià	Mattà	Macellare
Nascere	Nassce	Mbabbuescià	Ipnotizzare
Nascondere	Ascònne	Mbarà	Apprendere
Nevicare	Nevecà	Mbassà	Fasciare
Nuotare	Natà	Mbaurì	Impaurire
Obbedire	Obbedì	Mbazzì	Impazzire
Odorare	Adderà	Mbelà	Infilare
Organizzare	Chengegnà	Mbennà	Impennare
Ottenere	Ottenè	Mbetà	Invitare
Otturare	Folge	Mbormà	Informare
Pagare	Pagà	Mbrattà	Sporcare
Pagare	Stènne	Mbregghià	Imbrogliare
Partire	Partì	Mbrestà	Prestare
Passeggiare	Spasseggià	Mbroccà	Azzeccare

240

Pasticciare	Pestregghià	**Mbucà**	Imbucare
Pavimentare	Acchiangà	**Mecuà**	Marcire
Penetrare	Trapanà	**Menà**	Lanciare
Pensare	Penzà	**Menduà**	Allontanare
Perdere	Pèrde	**Menduà**	Scacciare
Persuadere	Persuadè	**Mennà**	Scopare
Pescare	Pezzecà	**Meretà**	Meritare
Pestare	Acciaccà	**Merì**	Morire
Pestare	Pestà	**Meserà**	Misurare
Pestare	Scacazzà	**Mète**	Mietere
Piacere	Piacè	**Mètte**	Mettere
Piacere	Nghezzà	**Mezzecuà**	Morsicare
Piangere	Chiànge	**Monge**	Mungere
Piantare	Chiandà	**Nammerà**	Innamorare
Piegare	Chiecà	**Nassce**	Nascere
Pietrificare	Chietrà	**Natà**	Nuotare
Pigliare	Pegghià	**Ndenà**	Intonare
Piovere	Chiòve	**Ndestà**	Indurire
Pizzicare	Pezzuà	**Ndrattenè**	Intrattenere
Portare	Annùsce	**Ndregà**	Intrigare
Portare	Pertà	**Ndrevegghià**	Accartocciare
Portare nomea	Pertà u llose	**Nevecà**	Nevicare
Potare	Petà	**Ngaggià**	Assumere
Potere	Petè	**Ngaldèsce**	Riscaldare
Pregare	Pregà	**Ngandà**	Incantare
Prendere	Pegghià	**Ngannà**	Ingannare
Picciare	Schetegnà	**Ngannà**	Raggirare
Prestare	Mbrestà	**Ngaramà**	Impigliare
Prosciugare	Assequà	**Ngartà**	Guadagnare

Provare	Prevà	Ngazzà	Incazzare
Provocare	Scatenà	Ngeggnà	Prime vendite
Prudere	Prote	Ngerià	Ingiuriare
Pugnalare	Accherteddà	Nghezzà	Piacere
Pulire	Pelzà	Nghianà	Salire
Pungere	Pònge	Nghiavettà	Inchiodare
Quadrare	Quadrà	Nghiemmà	Raggomitolare
Quagliare	Quagghià	Nguacchià	Sporcare
Rabbrividire	Arrezzecà	Nguadrà	Inquadrare
Raccogliere	Addenà	Nzaccà	Insaccare
Raccogliere	Arrecògghie	Nzemuà	Accumulare
Raccogliere	Cògghie	Nzevà	Sporcare
Raccogliere	Aramasckà	Nzultà	Insultare
Raccomandare	Racchemannà	Obbedì	Obbedire
Raddrizzare	Drezzà	Ottenè	Ottenere
Raggirare	Frecà	Pagà	Pagare
Raggirare	Ngannà	Parè	Sembrare
Raggomitolare	Arregnà	Partì	Partire
Raggomitolare	Nghiemmà	Patì	Soffrire
Rallegrare	Prescià	Pegghià	Pigliare
Rallentare	Rallendà	Pegghià	Prendere
Rammendare	Arrepezzà	Pelzà	Pulire
Rammollire	Ammeddà	Penzà	Pensare
Rammollire	Rammeddà	Pèrde	Perdere
Rammollire	Spenzà	Persuadè	Persuadere
Raschiare	Rascka	Pertà	Portare
Rassomigliare	Arassemegghià	Pertà u llose	Portare nomea
Ravvivare	Avvevèsce	Pestà	Pestare
Recitare	Recetà	Pestregghià	Pasticciare

242

Reggere	Mandenè	**Setà**	Potare
Reggere	Rèsce	**Petè**	Potere
Render brillo	Acciuccà	**Pettà**	Dipingere
Render furbo	Ammagagnà	**Pezzecà**	Pescare
Resuscitare	Resuscetà	**Pezzuà**	Pizzicare
Ribellare	Rebellà	**Piacè**	Piacere
Ricevere	Recève	**Pònge**	Pungere
Ridurre	Arredùsce	**Pregà**	Pregare
Ridurre	Redùsce	**Prescià**	Rallegrare
Riempire	Aggnì	**Prevà**	Provare
Rimanere	Arremanè	**Prote**	Prudere
Rimanere	Remanè	**Quadrà**	Quadrare
Rinfrescare	Renfresckà	**Quagghià**	Quagliare
Ringraziare	Rengrazià	**Quaquagghià**	Accovacciare
Rinvenire	Abbevèsce	**Racchemannà**	Raccomandare
Rinvenire	Rembenì	**Rallendà**	Rallentare
Riordinare	Arreggettà	**Rammeddà**	Rammollire
Riposare	Arrecheià	**Rascka**	Raschiare
Riscaldare	Ngaldèsce	**Rebbà**	Rubare
Riscuotere	Rescòte	**Rebellà**	Ribellare
Risparmiare	Sparaggnà	**Recetà**	Recitare
Risplendere	Lambrà	**Recève**	Ricevere
Risuolare	Solà	**Recreà**	Giovare
Ritirare	Reterà	**Redùsce**	Ridurre
Riunire	Riunì	**Remanè**	Rimanere
Rivoltare	Reveldà	**Rembenì**	Rinvenire
Rompere	Ròmbe	**Renfresckà**	Rinfrescare
Rosicchiare	Resecuà	**Rengrazià**	Ringraziare
Rotolare	Rezzuà	**Rèsce**	Reggere

Rovinare	Arreunà	Rescòte	Riscuotere
Rubare	Arrebbà	Resecuà	Rosicchiare
Rubare	Grattà	Resuscetà	Resuscitare
Rubare	Rebbà	Reterà	Ritirare
Russare	Greffuà	Reveldà	Rivoltare
Salassare	Salassà	Rezzuà	Rotolare
Salire	Nghianà	Riunì	Riunire
Saltare	Zembbà	Ròmbe	Rompere
Salutare	Saletà	Salassà	Salassare
Sapere	Sapè	Saletà	Salutare
Saziare	Abbegnà	Sapè	Sapere
Saziare	Abbuffà	Sazzià	Saziare
Saziare	Sazzià	Sbatte	Sbattere
Sbagliare	Sgarrà	Sbracà	Sbracciarsi
Sbattere	Sbatte	Scabbuà	Smontare
Sbracciarsi	Sbracà	Scacazzà	Pestare
Sbrigarsi	Speccià	Scadè	Scadere
Sbucciare	Scherzuà	Scaffuà	Demolire
Scacciare	Menduà	Scambà	Scampare
Scadere	Scadè	Scambà	Spiovere
Scampare	Scambà	Scangià	Cambiare
Scannare	Scannà	Scannà	Scannare
Scansare	Scanzà	Scanzà	Scansare
Scappare	Scappà	Scappà	Scappare
Scartare	Scartà	Scartà	Scartare
Scegliere	Capà	Scasà	Sloggiare
Scendere	Asscènne	Scatenà	Provocare
Scendere	Scènne	Scecuà	Giocare
Schiacciare	Cazzà	Scènne	Scendere

244

Schifare	Sckefà	**Scènne**	Uscire in giro
Schiumare	Sckemà	**Scettà**	Gettare
Schivare	Sckevà	**Schecchià**	Disunire
Schizzare	Squiccià	**Scheddà**	Scollare
Scolare	Scuà	**Scheduà**	Scuotere
Scollare	Scheddà	**Schegnà**	Sdentare
Scombinare	Schembenà	**Schembarì**	Scomparire
Scomparire	Schembarì	**Schembedà**	Sfiduciare
Scontare	Schendà	**Schembenà**	Scombinare
Scopare	Mennà, ffà	**Schendà**	Scontare
Scoppiare	Sckattà	**Schenecchià**	Inginocchiarsi
Scoprire	Scheprì	**Schepettà**	Spazzolare
Scordare	Scherdà	**Scheprì**	Scoprire
Scorgere	Affettà	**Scherdà**	Scordare
Scostare	Darassà	**Scherzuà**	Sbucciare
Scovare	Schevà	**Schetegnà**	Picchiare
Scrivere	Scrive	**Schevà**	Scovare
Scuocere	Scòsce	**Scì**	Andare
Scuotere	Scheduà	**Sciecuà**	Giocare
Scuotere	Scote	**Sciongè**	Aggiungere
Sdentare	Schegnà	**Sckaffà**	Ficcare
Seccare	Arraddà	**Sckamà**	Gridare
Seccare	Asseccà	**Sckandà**	Spaventare
Seccare	Seccà	**Sckattà**	Scoppiare
Seccarsi	Stefà	**Sckefà**	Schifare
Sedere	Assedè	**Sckemà**	Schiumare
Sembrare	Parè	**Scketà**	Sputare
Sentire	Sendì	**Sckevà**	Schivare
Seppellire	Seppellì	**Scòsce**	Scuocere

Servire	Servì	**Scote**	Scuotere
Sfilare	Sfelà	**Scrèsce**	Impallidire
Sfogare	Sfuà	**Scrive**	Scrivere
Sfondare	Sfennà	**Scuà**	Scolare
Sfregiare	Azzagà	**Seccà**	Seccare
Sloggiare	Scasà	**Seccète**	Succedere
Smorzare	Stetà	**Seffrì**	Soffrire
Smuovere	Chedeuà	**Senà**	Suonare
Socchiudere	Adarassà	**Sendì**	Sentire
Socchiudere	Sgarassà	**Sennà**	Sognare
Soffiare	Fiatà	**Seppellì**	Seppellire
Soffrire	Patì	**Sequà**	Succhiare
Soffrire	Seffrì	**Servì**	Servire
Sognare	Sennà	**Sfà**	Disfare
Sottomettere	Accareggnà	**Sfelà**	Sfilare
Spaccare	Spaccà	**Sfennà**	Sfondare
Sparare	Sparà	**Sfraganà**	Fracassare
Sparpagliare	Sparpagghià	**Sfuà**	Sfogare
Spartire	Spartì	**Sgarassà**	Socchiudere
Spasimare	Spasemà	**Sgarrà**	Sbagliare
Spaventare	Sckandà	**Smammà**	Liberarsi
Spazzolare	Schepettà	**Smezzà**	Dimezzare
Spedire	Spedì	**Solà**	Risuolare
Sperperare	Cazzà	**Spaccà**	Spaccare
Spiluccare	Spezzuà	**Sparà**	Sparare
Spingere	Spènge	**Sparaggnà**	Risparmiare
Spiovere	Scambà	**Sparpagghià**	Sparpagliare
Spogliare	Spegghià	**Spartì**	Spartire
Spolpare	Spelpà	**Spasemà**	Spasimare

Sporcare	Mbrattà	**Spasseggià**	Passeggiare
Sporcare	Nguacchià	**Speccià**	Sbrigarsi
Sporcare	Nzevà	**Spedì**	Spedire
Sposare	Spesà	**Spegghià**	Spogliare
Sposarsi	Maredàrse	**Spelpà**	Spolpare
Spuntare	Spendà	**Spendà**	Spuntare
Sputare	Scketà	**Spènge**	Spingere
Sragionare	Sragionà	**Spenzà**	Rammollire
Staccare	Spezzecà	**Spesà**	Sposare
Stancare	Stangà	**Spezzecà**	Staccare
Stare	Stà	**Spezzuà**	Spiluccare
Stendere	Stènne	**Sputtanà**	Divulgare
Stendere pasta	Gramenà	**Squiccià**	Schizzare
Stirare	Sterà	**Sragionà**	Sragionare
Stonare	Stenà	**Stà**	Stare
Stordire	Stenà	**Stangà**	Stancare
Stordire	Sterdèsce	**Stefà**	Seccarsi
Storpiare	Sterpià	**Stenà**	Stonare
Strapazzare	Maldrattà	**Stenà**	Stordire
Strappare	Strazzà	**Stènne**	Pagare
Strofinare	Strefenà	**Stènne**	Stendere
Succedere	Seccète	**Sterà**	Stirare
Succhiare	Sequà	**Sterdèsce**	Stordire
Suonare	Senà	**Sterpià**	Storpiare
Svegliare	Descetà	**Stetà**	Smorzare
Svitare	Svetà	**Strafecuà**	Mangiare
Tacere	Tacè	**Strazzà**	Strappare
Tagliare	Tagghià	**Strefenà**	Strofinare
Tenere	Tenè	**Strùsce**	Consumare

Tingere	Tènge	**Svacà**	Vuotare
Toccare	Tecquà	**Svetà**	Svitare
Torcere	Torce	**Tacè**	Tacere
Tosare	Caresà	**Tagghià**	Tagliare
Tradire	Gabba	**Tartagghià**	Balbettare
Trasportare	Carescià	**Tecquà**	Toccare
Trattenere	Trattenè	**Tegnà**	Buggerare
Tremare	Tremuà	**Tenè**	Tenere
Trovare	Acchià	**Tènge**	Tingere
Uccidere	Accìte	**Tezzuà**	Bussare
Ungere	Ionge	**Torce**	Torcere
Unire	Acchecchià	**Trapanà**	Penetrare
Unire	Aunèsce	**Trasì**	Entrare
Unire	Chengiònge	**Trattenè**	Trattenere
Urtare	Azzeppà	**Trembà**	Impastare
Uscire	Assì	**Tremuà**	Tremare
Uscire	Scènne	**Uarì**	Guarire
Stop al lavoro	Scabbuà	**Valè**	Valere
Valere	Valè	**Vasà**	Baciare
Vedere	Vedè	**Vavescià**	Sbavare
Vendere	Vènne	**Vedè**	Vedere
Venire	Venì	**Veldà**	Voltare
Vestire	Vestì	**Velè**	Volere
Vincere	Vènge	**Vènge**	Vincere
Volare	Volà	**Venì**	Venire
Volere	Velè	**Vènne**	Vendere
Voltare	Veldà	**Vestì**	Vestire
Vuotare	Svacà	**Vève**	Bere
Zappare	Zappà	**Volà**	Volare

Zittire	Abbuzzà	**Zaraffà**	Imbrogliare
Zoppicare	Zeppecà	**Zembbà**	Saltare

RACCOLTA DI PROVERBI E MODI DI DIRE BARESI, TRADOTTI GIOCOSAMENTE IN ITALIANO

Proverbi derivati dalla saggezza popolare

Accóme spìnne mange!

Mangi come spendi. La qualità è legata inesorabilmente al costo delle derrate!

A ccì ccrète, Ddì prevvète!

A chi crede, Dio provvede! In ogni circostanza, la fede propizia il bene.

Acquanne la mesérie trase da la porte, u ammòre iésse da la fenéste!

Quando la miseria entra dalla porta, l'amore esce dalla finestra!

Nell'incombenza di una vita di stenti, la donna tende a cambiar aria.

Acquànne u ddiàue se véste a rrusse!

Quando il diavolo si veste in rosso..indica che una disgrazia non viene mai sola!

Acquànne u marìte iè poverìdde, mànghe la megghière u pote vedè!

Quando il marito è povero, neanche la moglie lo può

vedere!

Acchesì iè u munne, ce remàne a galle e ce và mbùnne!

Così è il mondo, chi rimane a galla e chi va a fondo!

Addò arrìve, chiànde u zippe!

Dove arrivi, pianti il bastoncino! Al limite delle tue possibilità, fermati!

Arriva finchè puoi e riesci, per poi fermarti!

A ffatte la càreca spagnole e la reteràte frangèse!

E' arrivato con arroganza e sicuro di se e si è ritirato con la coda tra le gambe!

A lavà la cape du ciùcce se pèrde iacque, timbe e sapòne!

A lavare la testa dell'asino perdi acqua, tempo e sapone!

E' inutile perdere tempo con i fannulloni ignoranti.

Alle crestiane sènza varve e alle fèmmene senza figghìie, non zi scènne né pe piacère né pe chenzzìgghìie!

A giovani imberbi e a donne senza figli non andare né per piacere né per chiedere consigli, a causa delle loro pecche in esperienza.

Altèzze, mèzza bellèzze!

Altezza, mezza bellezza!

Concezione di uomo bello di per sé, solo per essere alto e slanciato.

Ammandìneme ca t'ammandènghe!

Reggimi che ti reggo! Sarà necessario collaborare

vicendevolmente!

Amecìzzie sènza malìzzie, addùre fine a la dì d'u gedìzzie!

Amicizia senza malizia dura fino al giorno del giudizio!

L'amicizia sincera e disinteressata dura tutta la vita.

A PPàsque e a Natàle s'arrecchèscene le fernàre, passàte ca sò le fiìste, vonne cercànne terrìse mbriìste!

A Pasqua e a Natale si arricchiscono i fornai, passate che son le feste, cercano denaro a prestito. Siamo tutti bravi a gestirci quando entrano i soldi!

Apprìme de dìsce na fessarì, tìrete nù muèzzeche alla lèngue!

Prima di dire una fesseria, tirati un morso alla lingua!

Arrevàte a la quarandìne lasse la fèmmene e ppìgghiìe la candìne!

Arrivato ai quarant'anni lascia la compagnia delle donne e frequenta quella degli amici, in enoteca.

Asselùte a la mòrte non ze iàcchiìe la drètte!

Solo alla morte non vi è rimedio.

Attàcche u ciùcce addò vòle u patrùne!

Attacca l'asino dove vuole il padrone! Gli ordini non vanno confutati.

Fa come vuole il tuo superiore, le scelte personali non sono gradite, anche se migliorative.

Attenziòne a cchèdda case, addò tràsene cheggìne, chembbàre e chembarìne!

Son guai per quella casa, dove entrano cugini, compari e "comparini"!

Quando una casa si trasforma in posto di ritrovo nascono maldicenze e litigi.

Au paìse de le cecàte, cùdde a nnecchiìe ffàsce u Rè!

Nel paese dei ciechi, l'orbo è il Re! In carestia, tempo di crisi, colui che possiede poco ha probabilmente molto più degli altri.

Avìme fatte trènde, facìme trèndune!

Abbiamo fatto trenta, facciamo trentuno! Siamo in ballo, balliamo!

BBatte u ffìirre acquànne ié ccalle!

Batti il ferro quando è caldo, cioè carpe diem.

Bbìve, sciacquètè lè dinde, u rèste alle parìnde!

Bevi, sciacquati i denti e il resto ai parenti! Riservati tutto per te, i parenti non meritano nulla, semmai le briciole!

Ce allècche le piatte fasce le fìgghìie belle fatte!

Chi lecca i piatti, fa i figli belli! Chi non sperpera nulla è capace di inculcare sani principi ai propri figli.

Ce belle uè parè u èsse pezzìdde t'àv'a duè !

Se bello vuoi apparire, l'osso sacro ti deve dolere. La bellezza impone sacrifici.

Ce cambe che la sperànze, desperàte móre!

Chi campa di speranza, muore disperato!

Ce fasce male iave bbéne, ci fasce bbéne iave péne!

Chi fa del male riceve bene, chi fa bene riceve pene (non quello che pendi tu!)!

Ce iè belle u fìgghiìe iùneche de màmme!

Quanto è bello il figlio unico di mia madre! Vanesio.

Ce nge na ma scì sciamanìnne, ci non ge na ma scì non ge ne sime scénne!

Se dobbiamo andarcene, andiamo altrimenti rimaniamo.

Ce non sènde la mamme e u attàne, ngalère se va a fernèssce!

Chi non ascolta i genitori va a finire in galera, cioè facile mettersi nei guai.

Ce non vole fà nu chelòmetre ne fasce dù!

Chi non vuole fare un chilometro ne percorre due; il continuo contrasto alla pigrizia del barese medio.

Ce póte mange, ci non bòte mange e bbéve!

Le persone più umili non si curano delle spese, i ricchi sì.

Ce qualchèdune t'admànne, stogghe megghiìe mò ca tanne!

Se qualcuno te lo chiede, digli che sto meglio ora che allora!

Detto da debitori insolventi che non vogliono far impaurire

i creditori.

Cè sape cà non zàpe, nè sàpe de cchiù de ci ne sàpe!

Chi sa di non sapere, ne sa di più di chi dice di sapere! Scioglilingua, l'atavico problema della trasmissione della giusta comunicazione.

Ce sape fasce, ce non zape mbare!

Chi sa fa, chi non sa insegna! Chi ha le conoscenze tecniche preferisce fare, chi non le ha preferisce insegnarle!

Ce sckùte ngiìle, mbacce nge vène!

Chi sputa in cielo, gli tornerà in faccia, cioè il male cagionato prima o poi ti si ritorcerà contro.

Ce sparte iàve la mégghia parte!

Chi divide qualcosa tra molti, tiene la parte migliore per sé a titolo di commissione!

Ce te vole bbéne, apprìsse te véne!

Chi ti vuol bene, accanto ti viene! Ti seguono coloro che ti vogliono bene.

Ce te vole cchiù bbène de la mamme, de paròle t'nganne!

Chi dice di volerti più bene della tua mamma, t'inganna!

Ce tratte, mbratte!

Chi tratti, t'imbratta; Sarai come coloro con cui esci!

Cè tène terrìse, iè Pàpe, re è cardenàle!

Chi ha soldi è Papa, Re e cardinale. La potenza indefinita

che conferisce il denaro nella nostra società materialistica.

Ce téne u ppane non déne le diìnde e ci téne le diìnde non déne u ppane!

Chi ha le possibilità non le sfrutta, e viceversa!

Ce uè frecà u vecìne te da alzà sùbbete la matìne!

Se vuoi fregare il tuo vicino devi alzarti presto al mattino!

Ce uè sapè la veretà, le peccenìnne e le mbriàche a dà capà!

Se vuoi saper la verità, devi rivolgerti a bimbi o agli ubriachi!

Cè u mbriìste iève bbùne, se mbrestàvene le megghiìere!

Se il prestare fosse positivo, si presterebbero le mogli!

Chernùte e mazziàte!

Oltre al danno anche la beffa (o la colpa).

Chèssa Coche iè ffante!

Questa Coca è Fanta! Quest' uomo non è ciò che dichiara di essere! Riferito a gay.

Còme facèvene l'andiche, s'alzàvene la vèste e se grattàvene u veddìche!

Come facevano gli antichi, s'alzavano la veste e si grattavano l'ombelico!

Spesso in risposta ad una domanda futile o alla quale la risposta è impossibile.

Cusse addò stame ié u mégghiìe paìse, non grèssce l'èrve

ma stònne le barìse, sime le mégghiìe du condinènde e nge facìme stà tarandèlle.

Questo dove siamo è il miglior paese, non cresce l'erba (a causa della siccità) ma ci sono i baresi, siamo i migliori del continente e ci facciamo questo ballo (tarantella); cantico comunal-popolare del grande Gianni Ciardo, vera e propria icona locale.

Crìssce le fìgghiìe e crìssce le purce!

Crescer i figli e come crescer porci, per atavica mancanza di riconoscenza!

Criste a candà!

Cristo a cantare al microfono! Che gioia e che lusso sfrenato!

Criste le fasce e u diaùe l'accòcchiìe!

Il Signore li fa e il diavolo gli unisce! Riferito alle coppie da matrimonio, senza apparenti fondamenta coniugali.

Cudde vale come u dùe de brìschele!

La sua parola non ha molta considerazione nelle riunioni o nella società!

Dalle e dalle, se chièche u ffìrre!

Letteralmente: "Dagli e ridagli, anche il ferro si piega"! Chi la dura la vince.

Decì Garibbàlde: apprìsse a chìdde mettìme l'àlde!

Garibaldi disse: accanto a quelli, mettiamo gli altri!

La proverbiale propensione al risparmio dei miei concittadini.

Decì u'elèfande: "Ogne ppicche ggiove", e s'gnettì 'na mosche!

Un elefante, dall'alto della sua stazza, ingoiando una piccola mosca disse "Ogni piccola cosa fa sostanza". Esorta a non sprecare nulla, anche se si è nell'agiatezza.

De Vènere e de Marte, non ge se spose e non ze pàrte!

Di Venerdì e di Martedì, non ci si sposa e non ci si mete in viaggio! Malaugurio.

Dimme ce so mò, ma non me sì decènne ce ière!

Dimmi chi sono ora, ma non mi chiedere chi ero!

Detto da chi nasconde diversi scheletri nell'armadio.

Dope le chembìtte, ièssene le defìtte!

Dopo i confetti, escono i difetti!

Dopo il matrimonio, inevitabilmente si ravvedono i difetti coniugali.

E ci iè? Giuanne sènza pavùre?

E chi è, Giovanni senza paura?

Modo di dire quando una persona è molto coraggiosa.

Fasce u scème pe non sscì a la guèrre!

Fa lo scemo per non andare in guerra!

Lo fa di proposito per non prendersi le proprie responsabilità.

Fèmmena maretàte, nè sroche, nè canàte!

Donna maritata, né suocera, né cognata! La donna maritata si tenga lontana da suocera e cognata per evitare problematiche familiari.

Fèmmene e melùne, oggne ccìnde n'àcchiìe bbune iune!

Donne e meloni, una ogni cento ne trovi una buona! L'eterno interrogativo maschile sulla scelta idonea che investe donne e similarmente i meloni.

Fémmene e mmiìre, lévene le penzìre!

Donne e vino, tolgono i pensieri! Sono le cose che meglio riescono a far dimenticare le problematiche quotidiane al villoso barese.

Frìche e fricatìnne!

Altruismo? Che significa? Tipico consiglio o stile di vita, cioè mangia (o fotti) più che puoi e fregatene!

Ha sciùte p'avè gràzzìie e av'avute gestìzzìie!

Chiese grazia ed ebbe giustizia! Oltre al danno la beffa.

Ié nu sckaffe a CCriste!

E' un peccato veramente! (cosa contro l'etica o la religione); dicesi anche quando si butta il pane dopo un pasto abbondante!

Iìnde alla màneche mè, non tràse!

Nella mia manica non entra! Significa che a me non mi raggira nessuno.

Iì vènghe dò muèrte e tù me disce che non iè muèrte!

Io vengo dal morto e tu mi dici che non è morto!

Ne ho avuto le prove e ti ostini a dire il contrario.

Iòmmene pelùse, iòmmene ferzùse!

Uomo peloso uomo forzuto; a causa della maggior increzione di ormoni steroidei maschili (testosterone), ma dal solo punto di vista sessuale!

L'àcque iè ppìcche e la pàbbere non gallègge!

L'acqua è poca e la papera non galleggia; usato per indicare una qualsiasi situazione che non può proseguire per mancanza di fondi.

La carna trìste non la vole u diàue e mmanghe Crìste!

La gente cattiva non l'accetta il diavolo, figuriamoci Cristo!

L'àcque ca non ha ffatte, ngiìle stà!

L'acqua che non cade è ancora in cielo: prima o poi il nodo verrà al pettine!

L'àcqua menùte trase e non è cadùte!

La pioggia fine bagna senza che te ne renda conto.

L'àcque ndèrre, le peccenìnne a cchiànge e le sigge sope a la panghe!

Situazione di estrema confusione.

La carne se scètte e le cane arràggnene!

La carne si butta e i cani disperano!

Tante belle donne poco disponibili, e gli uomini che

disperano.

L'adenàme che la checchiàre e le scettàme che la carrióle!

Facciamo tanto per risparmiare e poi sperperiamo in pochissimi minuti.

La bellèzze iè ccome o ffiòre, picche cambe e sùbete more!

La bellezza è come un fiore, vive poco e subito muore! Cercare di comprendere le doti più profonde della persona con cui si vuole vivere, e non solo limitarsi a canoni prettamente estetici, in quanto flebili ed inconsistenti nel tempo.

La fatìche se chiàme checòzze e a tte non te ngòzze!

La fatica si chiama zucca e a tè non ti va di sopportarla. Sfaticato.

La fèmmene ié ccom'a la castàgne, da fóre iè bbèlle e bbóne, e iìnde stà la magàgne!

La donna è come la castagna, bella e buona, ma attento alla truffa, cioè ti ammalia con le carezze, ma alla prima occasione ne approfitta.

La fìgghia mùte, la mamme la ndènde!

La madre capisce la figlia anche se questa è muta; ognuno conosce i propri figli.

La gatte che frèche e chiànge!

La gatta che mangia e piange! Colui che non ti accontenti mai, e si lamenta!

La Gòcce a la Ròcce: Timbe nge vóle ma u bbuche t'u ià fà!

La goccia dice alla roccia: Tempo ci vorrà, ma il buco prima o poi te lo farò!

La perseveranza premia sempre.

La lacèrte decì, tùtte u munne iè cchiàppe!

La lucertola disse, tutto il mondo è capestro". Tutto è insidia potenziale nella vita.

La lèngue bbàtte, addò u dènde dòle!

La lingua batte dove il dente duole!

La màne a dèstre non sàpe ce ffàsce chèdda senistre!

La mano destra non sa ciò che fa la sinistra!

Vige la confusione interna, vi è uno scollamento nell'organizzazione!

La megghiére av'a iésse bbèlle, ricche e ca mange picche!

Moglie ideale: bella, ricca e che mangi poco.

La patàne iè ccome au cazzavòne, ce l'attùcche se bbagne e ce non l'attùcche mètte le corne!

La patata è come la lumaca, se la tocchi si bagna e se non la tocchi fa spuntare le corna! Ovviamente, la patata è l'organo sessuale femminile che toccandolo, secerne, ma non toccandolo regolarmente, si rischia di esser cornificati.

L'arte de Mechelàzze: mangià, bève e stà alla spàsse!

L'arte di Michele, mangiare, bere e stare a spasso! Il buon Michele è preso ad esempio per far capire che è un soggetto totalmente dipendente da genitori accondiscendenti.

La rugne iè de cì se la gratte!

La rogna è di chi se la gratta! Il guaio non è sempre di competenza di colui che l'ha cagionato, ma spesso di colui che viene danneggiato.

La sembatì iè parènde a la gocce!

A volte la simpatia (o l'amore) tra due persone è inspiegabile. Oppure, che la confidenza accordata a una persona, quando è eccessiva, porta a prendersi sonori spaventi.

La vècchie de cìnde anne, ognè ddì s'alze che nu danne!

La vecchia di 100 anni, ogni giorno si alza con un danno!
Gli anni portano inesorabilmente agli acciacchi giornalieri.

La vìte iè na brìòche, n'aperture de coscè, nà calàte de pèsce e la famigghìe crèsce!

La vita è una brioche, un'apertura di cosce, una calata di pesce (pene) e la famiglia cresce!

Le chiacchière se le porte u vinde!

Le chiacchiere le porta via il vento! Ci vogliono fatti e non parole!

Le còse che se fàscene, se sàpene!

Le cose che si fanno, si sanno! Impossibile nascondere la verità!

Le fèmmene onèste, pòtene stè nnànze a nù battagliòne!

Le donne oneste potrebbero stare davanti ad un battaglione!

Le donne moralmente "integre" potrebbero subire tante tentazioni, ma non soccombere a esse. Può esser letto anche in senso lato.

Le fèmmene portene pane a desce, le màsque arrìvene che nà pèzze nnànze e iune drète!

Le donne portano in dote dieci pani, i maschi arrivano con una pezza davanti ed una dietro! Solitamente, indietro nel tempo, la donna tendeva a maritarsi adducendo già qualcosa in dote, a differenza dell'uomo.

Le fèmmene sò come alle pùlpe, chiù le sbàtte e chiù s'arrìzene!

Le donne sono come i polpi, più le sbatti e più si arricciano!

Le lione tuèrte, u fuèche l'addrìzze!

I pezzi di legno più storti vengono raddrizzati dal fuoco.

Ogni difetto può essere limato con le giuste sollecitazioni.

Le mazzàte so sèmbe o cane màzze!

Le botte sono sempre al cane magro! Incentrata sul fatto che il più debole è spesso colui che prende più rimproveri.

Le scarpe sò ccome a le parìnde, cchiù so strètte e cchiù fàscene male!

Le scarpe sono come i parenti, più son strette e più fanno male.

Le sìgge sò devendàte scannìtte / scannìcchiìe!

Le sedie sono divenute sgabelli, che vuol dire che uno si è trovato in sventura.

Lè terrìse fàscene aprì l'ècchiìe a le cècate!

I soldi fanno aprire gli occhi ai ciechi! Col denaro si può tutto.

Le veccìre, chìine de sanghe e ssènza nudde!

I macellai, almeno nel passato, sporchi di sangue e senza guadagno!

L'apparenza inganna.

La vèdeve chiànge u marìte muèrte, ma pènze ò vìve!

La vedova piange il morto, ma pensa al vivo! La vita va avanti, nonostante tutto.

Mànge e non de adènze alle dìbete!

Mangia e non dar retta ai debiti!

Il denaro va e viene, non ti curare di aver contratto prestiti.

Mègghiìe nù settebèlle iìòsce, che nù cicciobèlle domàne!

Meglio un settebello oggi che un Cicciobello domani!

S'incentra l'importanza della contraccezione nei rapporti sessuali.

Mamme facì nu favore a bbabbe e nascìbbeche iì!

A fare favori non conviene, nascono incomprensioni e delusioni.

Marange marange, ce le fasce se le chiànge!

Arancio arancio, chi fa i danni se li risolve!

Riconduce alle responsabilità soggettive.

Mazz'e panèdde fàscene le figghìie belle; panèdde senza mazze fàscene le figghìie pazze!

Bastone e pane rendono i figli educati, pane senza bastone rende i figli sgarbati.

Munne è state, mmunne iè e mmunne av'a ièsse!

Mondo è stato, mondo è, e mondo sarà!

I mutamenti sono impercettibili quando la vita scorre tranquilla.

Na fèmmene, na pàbbere e nnu puèrche fàscene reveldà nu paìse!

Una donna, una papera e un porco mettono in subbuglio un paese.

Ovviamente si parla di una donna di facili costumi, di una spiona chiacchierona e di un fedifrago.

Na mamme crèsce ccinde figghìie, ma cinde figghìie non grèscene na mamme!

Una mamma cresce cento figli, ma cento figli non crescono una mamma!

Un genitore riesce ad addivenire a tutte le esigenze dei figli, ma purtroppo non è vero il contrario.

Na nore iè ccinde scìnnere!

Una nuora è cento generi! Una nuora equivale a cento generi.

Na paròle de mène retìrede a ccaste!

Una parola di meno e tornatene a casa; la parola è d'argento ma il silenzio è d'oro!

Na paróle ié ppicche e ddo sò assà / assàie!

Una parola e poca e due son troppe, parla adeguatamente!

Na porte s'achiùte e ccinde se iàbbrene!

Una porta si chiude e cento se ne aprono; non demordere, abbi costanza ed i risultati arriveranno.

Nessciùna carne remmànne a la vecciarì!

Nulla resta invenduto in macelleria, tutto trova la giusta collocazione, spesso usato dalle madri di "signorine grandi" per propiziare il matrimonio delle stesse.

Nessciùne nassce mbaràte!

Nessuno nasce istruito.

Nessciùne zzèppe iè ddritte!

Nessuno zoppo è dritto; ossia, per esempio, paradossalmente non si può pretendere giustizia da un ladro.

Nge decìbbe c'appartenève alla chembagnì de Sammartìne!

Gli dissi che apparteneva alla compagnia di San Martino!

Gli dissi che era cornuto!

Non dà mangià bbrode che la fercìne!

Non devi mangiare brodo con la forchetta!

Indica l'inadeguatezza della decisione presa, o che si intende prendere.

Non déne tazze e véve café!

Fare la bella vita senza poterselo permettere, vivere sopra le proprie possibilità!

Non pòte ièsse chiù gnòre dè la mezzanòtte!

Non può essere più buio dei mezzanotte! Peggio di così non può andare!

Non sì mettènne u' cambanìdde n'gànne ala gàtte!

Non mettere il campanello al collo della gatta!

Non raccontare i tuoi segreti a persone che non saprebbero mantenerli.

Nu fìgghìie pecciùse e na mala vecìne, pòrtene la case a la ruìne!

Un figlio capriccioso, e una vicina invadente, fanno male all'andamento casalingo.

Nù pile de fèmmene tire nu bastemìnde!

Un pelo di donna tira un bastimento!

La potenza del "Monte di Venere" femminile è inequivocabile.

Non se file e non se tèsse, chìsse giuvene da dò ièssene?

Non si fila e non si tesse, questi giovani da dove escono?

I giovani son spesso spavaldi anche se peccano di inesperienza.

Non ze sckute iìnde o piàtte addò sì strafequàte!

Non sputare nel piatto dove hai mangiato a sazietà; usato per chi parla male di qualcosa che gli ha permesso di vivere, ad es. un vecchio posto di lavoro.

Nòn zì facènne u pàsse chiù llènghe de la gàmbe!

Non fare il passo più lungo della gamba!

Pondera adeguatamente ogni tua decisione.

Nudde pe nnudde, non se fasce nnudde!

Niente per niente, non si fa niente!

Non si fa mai nulla per nulla, vi sono sempre degli interessi anche se reconditi.

Nu tuffe dò, nu tuffe dà, finghè a la fine nge l'am'a fa!

Riusciremo con calma e con diversi tentativi, a spuntarla.

O squagghià de la néve, iéssene le strunze!

Inequivocabile, col tempo la verità viene a galla!

O chiòve o ammène u viìnde, a nnù nn nge ne frèche niìnde !

O piove o tira vento, non ce n'importa niente. Non mi tange nulla!

Parle dù u diaùe e ne spùndene le còrne!

Parli del diavolo e ne spuntano le corna!

Passàte u sande passàte la fèste!

Passato il santo, passata la festa. Ci si ricorda di noi solo quando serviamo, come nelle votazioni, per poi tornare nell'anonimato. I rapporti fra uomini sono sempre regolati dall'interesse e dalla convenienza del momento.

Paste e fasùle, la fèste dù cule!

Pasta e fagioli, la festa del sedere, a causa della flatulenza!

Pìgghiìe l'arte e mìttele da parte!

Prendi l'arte e mettila da parte! Impara più che puoi e alla fine ti riuscirà utile.

Pòvere a ce more, mà ce cambe se chenzòle!

Poveretto chi muore, ma chi vive si consola!

Pòvere attàne ca crèssce u figghiìe!

Povero padre che alleva un figlio! Il quale sarà sempre ingrato.

Quànne u ddiàue t'accarèzze quagghe ccóse vóle!

Quando il diavolo ti accarezza qualcosa vuole.

Robba schicche, ghè goste picche!

Roba chic, dal basso costo! Suggerisce la massima efficacia negli acquisti, scegliendo cose di buon gusto al minimo prezzo.

Sà pigghiàte u dìscete che tutte u vràzze!

Si è preso il dito con tutto il braccio!

Il lato negativo di dar confidenza alle persone che se ne approfittano.

Sale e tabbàcche ci téne u vìzzie s'u accàtte, ce u vìzzie ié sopraffine s'accàtte pure le cèrìne.

Dicesi a chi ha la malsana abitudine di scroccare sigarette.

Sanda Necòle iè amande de le frastiìre!

San Nicola è amante dei forestieri (detti "**Ziazì**"); Bari città aperta a tutti.

Sanda Necóle và pe mmare, vé vestùte da marenàre....!

S. Nicola va' per mare, è vestito da marinaio....

Sanda Tarèse pagò pe sendì e iì sèndeche ndune!

Santa Teresa pagò per sentire e io sento gratis; è meglio che taci poiché dici fesserie!

Sì ccome a na bott'a rotte, ammìne da sòpe e ièsse da sotte!

Sei come una botte rotta, inserisci da sopra ed esce da sotto!

Sei uno scialacquone, ciò che ricevi lo sperperi sistematicamente.

Si devendàte fèsse pe na fèsse!

Ti sei rincoglionito, per un pertugio! L'irresistibile richiamo femmineo!

Sime le mégghiìe du Condinènde!

Barese, razza altamente selezionata a livello galattico!

Sì mmise la porte de ffìrre dope che sanda Chiare ha state arrebbàte!

Hai preso le precauzioni solo tardivamente, dopo che siano accaduti i fatti.

Si venùte cazze cazze e mo te mànge la fecàzze!

Sei venuto dal nulla e ora ti mangi la focaccia!

Inavvertitamente ci sei passato davanti, rispetta il tuo turno, o la tua anzianità.

Sì venute p'avè gràzziìe, e sì avute gestizziìe!

Sei arrivato per far valere i tuoi diritti e sei tornato perdendo anche quelli che già avevi. Sfigato!

Sott'u àrche le chemmàre stònne a ffà le strascenàte ca hanne fatte de chessa BBare iìnd'o munne renomàte!

Sotto l'arco le comare, stanno facendo le strascinate (orecchiette) che hanno reso Bari, nel mondo rinomata!

Sott'o uàste véne u aggiùste!

Se si rompe lo aggiustiamo, inutile esser ansiosi di un qualcosa finché non accade realmente.

Sparàgne u'ttine acquànne ié cchine, c'acquànne sté o'funne a ce ssérve u sparàgne?

Risparmia il contenuto del tino quando è pieno, perché quando è al fondo, a che serve il risparmio? Simpatico invito a **"dagge 'nguèdde all'ulteme all'ulteme!"** Dargli addosso fino alla fine!

Stame sott'o cile!

Siamo sotto il cielo, " Carpe diem" – Cogli l'attimo!

Stipe ca truve!

Metti da parte per ritrovartelo poi.

Te ià mbarà e te ià pèrde!

Ti potrei insegnare, ma poi ti perderei perché non saresti più dipendente da me.

Te vèdeche e non t'affitteche!

Caro amico hai proprio una brutta cera!

Timbe biànghe fusce nnanze, timbe gnore statte fòre!

I contadini solevano dire, quando erano nei campi, che se il cielo era nuvoloso e bianco c'era da rientrare a casa per un acquazzone imminente, mentre se era nuvoloso ma scuro, si poteva restare in campagna perché non sarebbe venuto a piovere prestissimo.

Tu te stà e ie me stògghe, tu non mù cìrche e iì non tu dògghe!

Tu ti stai ed io mi sto, tu non me lo chiedi ed io non te lo do!

Lasciamo il mondo così com'è!

Tutte me vòlene e nessciùne me pìgghiìe!

Tutti mi vogliono e nessuno mi prende! Detto da donna

corteggiata che si rende conto che l'uomo medio non è alla ricerca di un rapporto stabile, come essa vorrebbe, ma solo del "timbro", la nottata indimenticabile.

U àbete non fasce u mòneche!

L'abito non fa il monaco! L'apparenza inganna.

U acìdde ca non pappe ha pappàte!

L'uccello se non mangia, è già sazio!

U acìdde pissce u litte e u cule iàve mazzàte!

L'uccello urina nel letto ed il sedere prende botte!

Classica situazione in cui chi paga non è mai il colpevole.

U acìdde pezzùte, scì pe fotte ma fù fettùte!

L'uccello a punta andò per fottere e venne fottuto! Tranello prettamente femminile consistente nell'abbindolare uomini, per farsi ingravidare e sistemare!

U cemmerùte che le gambe fìne, non iè iòmmene pe ffà le figghìie!

Il gobbo con gambe sottili non è uomo idoneo per fare figli; ognuno ha delle virtù e delle propensioni che deve sfruttare.

U chiànde rènde!

Il pianto rende! Se sei in difficoltà, piangi e la risoluzione sarà più agevole.

U crestiàne da la tèrre vène e a la tèrre se ne và!

L'uomo dalla terra viene e alla terra va; ci ricorda l'efferatezza del ciclo biologico.

U crestiàne non è mà chendènde!

L'uomo non è mai contento! Insita nell'indole umana l'ancestrale voglia di appagamento, mai soddisfatta.

U curte non arrìve e u fràsceche non ammandéne!

Ma non ti va bene niente?

Uè la zite iìnde o litte e la uè pure alanùde!

Vuoi che gli altri completino il lavoro per te e beneficiarne da solo!

U ffirre se batte acquanne iè ccalde!

Il ferro va battuto caldo; ovvero, si deve approfittare dell'evenienza positiva.

U lènghe iè bbuène a ccògghiìe fiche, e u curte pe marìte!

L'uomo alto è buono per cogliere fichi, il basso è buono come marito; concezione errata che l'uomo basso fosse marito ideale!

U Marite disce sèmbe a la megghière: fà come dìgghe iè e non zi facènne come fazze iè!

Il marito dice sempre alla moglie: fa come dico ma non fare come faccio!

U marite ièsse da la porte,le figghiìe ièssene da la vènde!

Il marito esce dalla porta, i figli escono dal ventre. L'amore per i figli è maggiore dell'amore per il compagno, in quanto più viscerale.

U mbrìste che me dìste, tu pòrteche crà!

Il prestito che mi hai fatto, te lo porto domani; scusa plateale che si rinnova puntualmente.

U pèsce peccìnunne fernèsce sèmbe nmòcche o tunne!

Il pesce piccolo finisce sempre in bocca al tonno; ubi maior minor cessat!

U prime anne core a ccore, u secònde cule a cule, u tèrze a calge ngule!

Il prim'anno cuore a cuore, il secondo culo a culo, il terzo a calci in culo! L'irrimediabile evoluzione del matrimonio.

U prime vase vène arrebbàte, u secònde vène denate e cù ttèrze rèmane frègàte!

Il primo bacio è rubato, il secondo è donato e col terzo rimane fregato!

Rileva l'effetto ammaliante femminile.

U sóle assècche le chiacùne, u vìinde sbatte le pertùne, ma tu scasse pròbbììe le chegghiùne!

Il sole secca i fichi, il vento sbatte i portoni, ma te rompi proprio le gonadi.

U ssàzie non crete o dessciùne!

Il sazio non crede all'affamato, perché non ne ha esperienza diretta.

U stìle iè assà e la fatìche addò stà?

Lo stile è tanto ma il lavoro dov'è! Pensi ad agghindarti, ma la sostanza è poca!

U tavùte non dène le palde!

La bara non ha tasche. Una volta morto i soldi non servono, quindi si esorta a godersi la vita senza privarsi di alcunché!

U timbe passe, la cére se strusce e la pregessióne non gamìne!

La cera si consuma e la processione non va avanti, le risorse si consumano, ma il risultato non si vede; stiamo perdendo tempo e denaro!

U vóve disce chernùte o ciùcce!

Il bue dice cornuto all'asino; ma senti chi parla!

Va a pigghìie a sckaffe le marange pe ffalle devendà russe!

Va' a prendere a schiaffi le arance per farle diventare rosse; esortare a cercare la soluzione in tutti i modi, leciti o illeciti.

Vènda chiàtte, prepàre la zappe; vènde appezzùte, prepàre la dote!

Ventre piatto, prepara la zappa; ventre a punta, prepara la dote!

Credenza popolare secondo la quale si potrebbe azzardare il sesso del futuro neonato, dalla sola forma della pancia della pregna.

Zite abbaggnàte, zite affertenàte!

Sposa bagnata, sposa fortunata! Nel solo senso climatico.

Zite e llùtte, lasse tutte!

Matrimoni e lutti, lascia tutto! I doveri di amicizia e di solidarietà vanno assolti a ogni costo in questo tipo di cerimonie solenni.

Proverbi nella socializzazione e tra gli amici

A ccì appartìne?

A chi appartieni, ossia qual è il tuo capo-clan di riferimento?

Addò iàvete?

Dove abiti? Dove vivi?

Ammìnete ca l'àcque iè vvàssce!

Buttati, perché l'acqua è bassa (x il timido negli approcci).

Angóre non ué?

Me la dai, o no?

A sfazzióne a le chembàgne!

La soddisfazione dei miei amici mi rende felice!

Addò te la fasce?

In quale luogo spendi la gran parte del tuo tempo libero?

Scuse, Ce iòre sò?

Scusami, che ore sono?

Facìme, ca se móre!

Cogli l'attimo, meglio darla godendo comunque, che attendere che si formi la muffa.

Facìste aììre?

Ieri notte ci hai dato dentro, consueto e normale saluto tra uomini testoteronici!

Fatte chembàgne

Unisciti a noi e condividiamo quanto possiedi in una serata spensierata!

La fèmmene senz'ammòre, iè nù fiòre senz'addòre!

La donna senza amore, è un fiore senza odore!

Ma addò te iàcchìie?

Al telefono, ma dove ti trovi?

Ma tu ce vine a iésse?

Ma tu chi sei?

Vine che nnù che t'àcchìie bbune!

Vieni con noi che ti trovi bene, detto con un sarcasmo.

Proverbi di sfottò amichevole

Acchiamìnde stu panoràme

Guarda questo ben di Dio (detto, segnalandosi il pacco).

Addò ha da scì? A la fìire?

Dicesi di persona vestita in un certo modo anche quando la situazione non lo richiede, letteralmente significa: Dove devi andare conciato cosi? Alla fiera del Levante?

Ammìn'a iàsse, o ammìn'a bbastóne, sémbe tu la ue vènge!

Tu vuoi sempre avere ragione!!

Auué, ce sì dermùte cu cule schemegghiàte?

Ehi...hai dormito con il sedere scoperto?

Chiamìnde ci véne mo!

Indica l'arrivo di qualcuno non molto gradito in un determinato luogo, letteralmente significa "Oh, guarda chi sta arrivando adesso!"

Ci non u chiàme cu petùzze, non véne a tezzuà u vrazzùcce!

Se non l'avessi chiamato toccandogli il piede, non sarebbe di certo venuto a toccarti il braccio! Questa espressione è usata per indicare qualcuno che prima dà confidenza e poi si lamenta.

Ce tà vestùte? La fate della case?

Chi ti ha vestito, la Fata della casa? Come sei vestito in maniera sgargiante oggi!

Sì còme a nà bottìglie de bìrre: vùte a ppèrde!

Sei come una bottiglia di birra: vuoto a perdere! Sei una persona inconsistente.

Te stà ppirde pe na carte de pèpe!

Stiamo discutendo per quisquilie!

Proverbi di Sfida!

Achiùte u cèsse!

Chiudi quella bocca nella quale non vi è nulla di buono, fai silenzio!

Abbàssce la crèste!

Abbassa la cresta, sii più modesto!

Auèè! Non zì facènne u de cchiù!

Ehi! Non fare di più di quello che potresti permetterti.

C'amméne apprìme amméne pe ddù!

Chi attacca prima attacca per due volte!

Ce iè a ttè!

Monito di sfida risoluto all'avventore che si prende l'abuso

Ce te scùteche te profumèsceche!

Se ti sputo ti profumo! Non sei degno neanche della mia saliva.

Fasce léve o cazze!

E chi se ne importa!

Nmocche a cchi tè bbìve!

In bocca a chi ti è vivo! Mannaggia ai tuoi parenti ancora in vita! Espressione poco volgare, usata nei più vari contesti per sottolineare un rimprovero o per lodare qualcuno.

Oùù, ce te stà a fasce bbrutte?

Che c'è? Ti stai arrabbiando?

Oggnùne tire l'àcque a la vìa so!

Ognuno tira l'acqua al suo mulino.

Ohhhh! Ma st'a pparle o st'a mmuve le rècchìie?

Stai parlando o muovi le orecchie; stai dicendo tante parole senza esprimere alcun concetto. Non oso pensare che tu voglia parlare con me!

Iàbbre l'écchìie, che ad achiùdele non ge vóle nudde!

(In risposta ad una offesa) Apri gli occhi! Che a chiuderli per sempre è molto facile!

Na paròle iè ppicche e dù so assà!

Una parola è poca e due sono troppe; usato per dire a chi parla troppo, di stare zitto!

Mò m'ànne venì le cìnghe menùte!

Ora mi vengono i cinque minuti! Sto innervosendomi.

Parle pìcche e parle bbùne!

Parla poco e come si conviene; cioè non parlare a vanvera!

T'ià dà le sckaffe a ddù a ddù fin'a cche non devéndene dìspere!

Ti tiro i ceffoni a due alla volta fino a che non diventino dispari.

T'ià dà nu tuzze!

Se non la smetti mi vedrò costretto a colpirti con una testata!

Vattìnne a ffà le fùnge sop'a le murge (barese)!

Vattìnne a fféue re fòngere sòupe re murge (esempio di bitontino)!

Vai a fare i funghi sulle Murge, cioè vai in mona!

V'a scazze le rizze cu cùle!

Vai a quel paese!

Vite ce volìsce, mèh!

Vedi se voli, espressione utilizzata per indicare a qualcuno che non sta facendo del suo meglio, quindi questo è un invito ad abbandonare il luogo del misfatto.

Proverbi a tavola o di alimenti!

Acquannè stè la fàme, pure la scòrze iè pàne!

Quando vi è fame, anche la scorza è pane! In tempo di carestia, non si butta nulla.

A mangià véne u guste, a pagà véne la suste!

A mangiare ti piace a pagare ti scocci.

Bbìive a gguste tù, ma vìstete a gguste de l'alde!

Bevi a gusto tuo, ma vestiti a gusto degli altri!

In pubblico devi tendere ad aver un comportamento più consono.

Ce CCrìste vole: arroste l'ove!

Se Cristo vuole arrostisce le uova; ovvero, se volesse il Signore tutto può accadere, perfino di arrostire le uova, cosa decisamente impossibile.

Ce sì bevùte, u liàndre?

Hai bevuto amaro (l'oleandro), detto di persona nervosamente alterata, da lasciar perdere.

Ci tène pane non dène dinde, ci tène dinde non dène pane!

Chi ha il pane non ha i denti, chi ha i denti non ha il pane, cioè: ad ognuno manca qualcosa che ha l'altro.

Cudde de sope spènge cudde de sotte!

Il mangiare stimola la peristalsi, la defecazione finale!

Dù fasule, egghìie e lemòne fàscene sènde come au lione.

Ce ng'azzuppe zzule de mmiìere cambe biate, sènza penziìre!

I fagioli con olio e limoni rendono forti come leoni. Se poi bevi boccali di vino vivi beato, senza pensare ai problemi.

La ràsce come la uè la fàsce, l'alìsce come le uè le frìsce!

La razza come vuoi la fai, le alici come le vuoi le friggi! Detto di persona che facilmente si riesce a raggirare.

Mange ca ha da iésse mangiàte!

Mangia che prima o poi sarai tè il pasto!

Mange e bbive ca stinne le pite!

Fottitene del colesterolo e mangia e bevi più che puoi!

N'ècchìie o pèsce, u ualde a la fresole!

Un occhio al pesce e l'altro alla padella! Detto di persona strabica.

Non dine u ppane e mmange salàme!

Chi vuol fare la bella vita senza averne i mezzi.

O te mange stà menèstre, o t'ammìne da la fenèstre!

O ti mangi questa minestra, o ti butti dalla finestra! Accontentati, o questo o nulla.

So sciùte desciùne e so assùte muèrte de fame!

Ci son andato digiuno e ne son uscito morto di fame; sim. A sono andato a chieder grazia ed ho avuto giustizia!

Appresendàteve ggià mangiàte e ttutte!

Candido invito ad incontrarsi avendo già mangiato.

U Padretèrne dà u ppane a cci non dène le dinde!

Il padreterno dà il pane a chi non ha i denti, a chi non ha capacità.

U pulpe se cósce iìnd'a l'àcqua so!

Il polpo si cuoce nella sua stessa acqua, lascialo patire per i propri errori!

Vine a mangià ca sò ammenàte la paste...

Vieni a mangiare che ho "buttato" la pasta cioè fai in fretta che ho calato la pasta!

Proverbi non adatti ai minori di anni 14

Acquànne la zènghere ce andèvine l'avvendùre, se sènde de scì n gule!

Quando la zingara sgama l'avventura, la cliente si risente dinanzi all'evidenza.

A ffà iè come nà briscòle, o tine nà bella chèmbagne o tine nà bbone mane!

Il sesso è come una briscola, o hai una bella compagna o hai una buona mano!

Alla gieventù mestàzze e cazze, alla vecchièzze resàrie e crosce!

In gioventù baffi e cazzi, in età anziana, rosari e croci!

Angòre te cache sotte!

Non alterarti perchè potresti allentare la stretta sullo sfintere posteriore!

A tè e ce te facì acchìià da nnànze chedda dì a chiàveche!

A tè ed a chi ti fece trovare dinanzi, quel giorno bastardo!

Non proprio un'ode al proprio compagno!

Auandànne auandànne ce auànde? Auànde a cusse!

Prendendo prendendo, cosa prendi? Prendi questo (indicando il pacco)! Scioglilingua.

Acquànne chiòve e ammène u vìnde, a le chigghiùne a dà stà attìnde!

Quando piove e tira vento, ai rincoglioniti stai attento!

Acquànne u cazze ammène l'ògne!

Quando al pene crescerà l'unghia, dicesi di evento non verificabile.

Biàte a ce à nvendàte la suppòste, uà mmìsse ngùle a tùtte quanne!

Beato chi ha inventato la supposta, l'ha messo nel sedere a tutti!

Cazze parìnde!

Cazzi parenti, persone unite da un lontano legame di parentela che riemerge nel bisogno, tipo vincita in concorso a premi.

Cazzà le rizze cu cule! - Và Ccazze l rizze cu cule!

Lett. Vai a schiacciare i ricci col sedere, vaffanculo, tipico mestiere di chi non ha né arte né parte.

Ce pe ogne ghigghiòne ce stèsse nu lambiòne, madò ce lluminazziòne!

Se per ogni coglione ci fosse un lampione, Mamma mia che illuminazione!

Chisse sò cazze, non chidde de marìteme!

Questi sono cazzi (problemi), non quelli di mio marito!

Da u vrazze o cazze!

Espressione colorita utilizzata per indicare un breve tratto di strada da dover fare per la destinazione.

E ci iè la tàvele de le checchìire, nù pèpete, nù derrùtte e nù chittemmùrte!

Ma cos'è la tavola dei cocchieri, un peto, un rutto e una bestemmia!

Tipica frase che la zia di turno dice durante le numerose abbuffate familiari, per ricordarne la tendenza goliardica.

Facce d'u cane acquànne fàsce!

Hai la faccia del cane quando ingroppa! Interpretazione libera.

Fertùne e ccazze ngùle, bbiàte a cci ll'àve!

Fortuna e sodomia, beato chi l'ha.

Fàttue spènge!

Dai, fattelo inserire!

Ha scangiàte cazze pe fecàzze e chegghiùne pe lambasciùne!

Hai scambiato cazzi per focacce e coglioni per lamponi.

Hai preso fischi per fiaschi

Iè bbèlle a ffà u recchiòne cù cule de l'àlde!

Facile fare il gay col sedere degli altri! Facile prendere decisioni quando non si hanno responsabilità soggettive.

La màmme de le strunze sté sèmbe incìnde!

La mamma degli stolti è sempre incinta! Ci saranno sempre persone stupide.

Mègghìie cinghe dìscete de na mane, che na fèmmene vellane!

Meglio il "5 contro 1", che una malafemmina!

Mégghìie nu quindàle nguédde ca nu quìnde ngule!

Meglio trasportare un quintale addosso che aver due etti nel sedere!

Mocche a cchi t'è mmurte!

Mannaggia a chi ti è morto! Usata nei momenti di rabbia totale contro qualcuno o nei più vari contesti per sottolineare un'azione o una frase.

Spesso ridotta al solo "**Chi t'è mmurte!**".

Mocche a chì t'è mmurte, stramùrte e quànda murte tìine!

No comment!

Monéte sop'o bangóne e ccazze iìnd'o peccióne!

Qui si paga contanti e anticipato!

Mò te ià sgarrà de fésse!

Ora ti devo aprire a dismisura il pertugio!

Me so abbettàte le chegghiùne!

Detto da persone visibilmente annoiate.

Ndòste l'aragoste? / pombe la pombe/pombe u nosce?

Indurisce l'aragosta? Ecc. Sei sessualmente attivo?

Ngùle ha da fa, ngape da spelà, tutte le dinde t'ià terà, de diarré ha da scì a cacà!

Vai a prenderlo da dietro, diverrai calvo, tutti i denti ti caverai, la diarrea ti verrà, ma ciò che chiedi, non lo farò mai!

Quànne u cùle amméne vinde, u dottóre non ze pìgghiìe ninde!

Quando il sedere scorreggia, vuol dire che sei in salute e il dottore non esigerà nulla.

Rite mbàcce a stà felàre de bettùne, rite mbacce a ccusse, rite mbacce o cazze!

Ridi in faccia a questa fila di bottoni (mostrando il pacco), che cosa ti ridi?

Sì scangiàte cazze pe fecàzze e chegghiùne pe lambasciùne!

Hai scambiato cazzi per focacce e coglioni per lampioni; ossia, hai preso fischi per fiaschi. Stai fraintendendo.

Tarzànne s'appènne alle liàne, ma tu t'appìnne proppìe a le chigghiùne!

Tarzan si appende alle liane, ma tu ti appendi alle palle! Sei pesante!

Tazze e becchìre a la salùte d'u cavallìre, becchìre e ttazze a la salùte de stù cazze!

Brindisi, No comment!

Te ià fà u cule a cappìdde de prèvete!

Ti dovrei sodomizzare potentemente.

Te sò ddìtte d'annùsce le luzze e me sì annùtte le lazze, ce decéve d'annùsce le cozze ce me pertàve... stù cazze?

Ti ho chiesto di portarmi il merluzzo e mi hai portato i lacci, e se t'avessi chiesto le cozze, cosa mi avresti portato?

Tine là facce dù cazze acquànne fernèsce de fà!

Hai l'espressione del pisello quando finisce di trombare!

Tine talmènde la facce du cule, che le suppòste le pìgghìie da mmòcche!

Hai una faccia di culo talmente grande, che le supposte le prendi dalla bocca!

U becchìne cì u ava fà?

Sono il migliore in questo campo, in questo settore...

U core a megghièreme e u cazze a ttutte quànne!

No comment

U peccióne ié u sacche a ppéle de la cióle!

No comment, no da Decathlon!

CONCLUSIONI

Mi complimento con te per aver terminato la lettura di questa nostra impegantiva opera!

Non penserai che sia finita! Dopo questo glossario, abbiamo già messo in cantiere il "Dizionario barese", bidirezionale, per insegnare anche a coloro che non sono baresi, i rudimenti della nostra splendida lingua D.O.C. .

La tua opinione è importante per noi, sapere di poter migliorare dove abbiamo eventualmente sbagliato o dove abbiamo fatto meglio di quanto atteso, aiuterebbe a far crescere non solo noi, ma tutta la community, quindi, ti ringrazieremmo se inviassi un tuo commento tramite una recensione su Amazon o sul nostro sito personale.

T'invito a iscriverti in uno dei nostri nuovi canali per esser informato circa eventuali news, e per interagire con noi in maniera attiva:

- Direttamente **sul sito** www.tonylocorriere.org;
- Su Facebook, **@ilbaresechedialettocolorato**;
- Sul mio profilo personale su **Amazon**;
- Ecc.

Ciao da **Tony Locorriere**

"La vera felicità è quella condivisa!".